JN296752

이메일 한국어

Eメールの韓国語

白宣基　金南昕

白水社

装丁　　　　森デザイン室
本文デザイン　山崎弓枝

はじめに

　韓国語を学ぶ人、韓国語を通じて韓国に触れたいと思う人が21世紀に入って大幅に増えています。歴史や政治問題などからのアプローチだけでなく、韓国人の生活や、韓国の社会そのものへの関心をより身近なものとして韓国語を学び始める人たちのバックグラウンドは、たいへん多彩です。年齢や性別はもちろん、その関心の対象もじつにさまざまです。韓国のエンターテインメントや韓国社会のニュースは、日本では既に日常のものになっていると言えるでしょう。もしかしたら、日本から韓国（朝鮮半島）への関心は歴史的に大きな転換点を迎えているのかもしれません。

　そして、21世紀に入ってからの十年は、誰もがふつうにメールを使うようになった時期でもあります。家庭や職場のコンピュータでは日常的にメールのやりとりをしていますし、携帯電話では、通話ではなくメールで連絡を取り合うことのほうが多いくらいではないでしょうか。個人的なメールもあるでしょうし、仕事で使う場合もあるでしょう。その内容は多岐にわたっており、メールの種類を分類するだけで現代人の生活の一覧表が出来上がるほどです。

　このような時代ですから、「韓国語でメールを送ってみたい」「韓国語のメールをわかるようになりたい」と思うのは当然の願いです。本書では99のメールの用例を集めました。「近況を尋ねる」「誘う・招く」「感謝の気持ちを伝える」「詫びる」など個人的なシチュエーションから、「留学を準備する」「予約する・注文する」など事務的な内容、また「ファンレター」の用例など、自分と相手の立場の違いによって異なるさまざまな書き分けを実際に確認することができます。

　メールそのものを作成する際の参考として、また季節の挨拶、グリーティングカードなどにも応用できる内容となっています。事務的な内容のメールを除いては、原則として話し言葉を中心としているので、韓国語での会話にも役立ていただけます。本書が、韓国語を愛する皆様の良きパートナーとなることを願ってやみません。

2011年10月

白宣基　백선기　ペク・ソンギ
金南昕　김남은　キム・ナムン

目 次

はじめに 003

韓国語メールの基本

ハングルの入力について 010
  1. コンピュータの設定方法 010
  2. ハングルの配列 011
  3. 送信の際の文字はユニコードに 012
  4. 分かち書きと文章符号について 012

メールの基本 014
  1. 件名の付け方 014
  2. 敬称 014
  3. メールの本文 016

韓国語メールの実例

この章の使い方 020

1. 近況を尋ねる・報告する 021
  1 お久しぶりです。お元気ですか？ 022
  2 メールありがとうございます。 024
  3 ソウルに行く予定です。 026
  4 楽しみにしています。 028
  5 明けましておめでとうございます。 030
  6 暑中お見舞い申し上げます。 032
  7 最近、禁煙に成功しました。 034
  8 ついに転職しました。 036
  9 メールアドレスを変更しました。 038
  10 最近引っ越しました。 039

2. 誘う・招く 041
  1 ソウルに来ています。急ですがお会いできませんか？ 042
  2 OKです。ロッテ百貨店の前で待ち合わせしましょう。
   043

3　家でサムギョプサルパーティをやります。　　　　　　　　　　044
　　4　お招きありがとうございます。　　　　　　　　　　　　　　046
　　5　略図を添付ファイル／FAXで送ります。　　　　　　　　　047
　　6　参加できるけど先に帰らなければ…　　　　　　　　　　　048
　　7　残念ですが、その日は参加できなさそうです。　　　　　　049
　　8　美味しい店ができたからご一緒しませんか？　　　　　　　050
　　9　結婚式にお招きいたします。　　　　　　　　　　　　　　052
　　10　おめでとうございます！喜んで出席します。　　　　　　　054

3. 感謝の気持ちを伝える　　　　　　　　　　　　　　　　　055
　　1　お土産をありがとう。　　　　　　　　　　　　　　　　　056
　　2　喜んでもらえて嬉しいです。　　　　　　　　　　　　　　057
　　3　ソウルでは一日つきあってくださってありがとう。　　　　058
　　4　こちらこそ楽しい一日でした。　　　　　　　　　　　　　060
　　5　ツアーの際にはお世話になりました。　　　　　　　　　　061
　　6　またいらっしゃってください。　　　　　　　　　　　　　063
　　7　プレゼントを送りましたが、気に入ってくださるといいのですが。
　　　　　　　　　　　　　　　　　　　　　　　　　　　　　　064
　　8　このようなお気遣いをいただいてありがとうございます。
　　　　　　　　　　　　　　　　　　　　　　　　　　　　　　066
　　9　お元気ですか。ささやかなものをお送りしました。　　　　068
　　10　お歳暮（お中元）ありがとうございます。　　　　　　　　070

4. 詫びる　　　　　　　　　　　　　　　　　　　　　　　　071
　　1　仕事が忙しくて返事が遅くなりました。　　　　　　　　　072
　　2　ファイルを添付するのを忘れました。　　　　　　　　　　074
　　3　明日の約束をキャンセルさせてください。　　　　　　　　075
　　4　了解しました。それではまた次の機会に。　　　　　　　　076
　　5　都合が悪いので日程を変更していただけますか。　　　　　077
　　6　いつがよろしいですか。　　　　　　　　　　　　　　　　078
　　7　昨日は失礼なことを申し上げました。　　　　　　　　　　079
　　8　滞在中はご迷惑をおかけしました。　　　　　　　　　　　081

5. 依頼する・相談する　　　　　　　　　　　　　　　　　　　083
1 明洞劇場に予約をしてもらえますか？　　　　　　　　　　084
2 雑誌（CD・教科書）を買って送ってくれますか？　　　　　085
3 コンサートのチケットの問い合わせ。　　　　　　　　　　087
4 悪いけど空港まで迎えに来ていただけますか？　　　　　　088
5 友人がソウルに行くので一日だけ案内してくださるとありがたいのですが。
　　　　　　　　　　　　　　　　　　　　　　　　　　　　090
6 都合が悪くておつきあいできないのです。　　　　　　　　092
7 案内ならできるのですが。　　　　　　　　　　　　　　　093
8 スピーチ原稿を韓国語にしていただけませんか？　　　　　094
9 作文の添削をお願いします。　　　　　　　　　　　　　　096
10 添付ファイルを再送してくれますか？　　　　　　　　　　097

6. 予定・企画を調整する　　　　　　　　　　　　　　　　　　099
1 同窓会に参加してください。　　　　　　　　　　　　　　100
2 いいですね。それは楽しみです。　　　　　　　　　　　　101
3 場所を探してください。　　　　　　　　　　　　　　　　102
4 お店の予約が取れました。　　　　　　　　　　　　　　　103
5 「同窓会のお誘い」　　　　　　　　　　　　　　　　　　104
6 喜んで参加します。　　　　　　　　　　　　　　　　　　106
7 残念ながらその日は都合がつきません。　　　　　　　　　107
8 参加者の皆様に緊急時の連絡先をお知らせいたします。
　　　　　　　　　　　　　　　　　　　　　　　　　　　　108
9 先日は久しぶりに先生にお目にかかれて嬉しかったです。
　　　　　　　　　　　　　　　　　　　　　　　　　　　　109

7. 留学の準備をする　　　　　　　　　　　　　　　　　　　　111
1 短期語学留学の問い合わせ。　　　　　　　　　　　　　　112
2 語学堂の入学手続時に必要なことをお教えください。　　　114
3 下宿希望ですが、どのように探せばよいのでしょうか？
　　　　　　　　　　　　　　　　　　　　　　　　　　　　115
4 はじめまして。　　　　　　　　　　　　　　　　　　　　116
5 短期語学留学中の寄宿舎（学生寮）について。　　　　　　117
6 トウミ（チューター）について教えてください。　　　　　118

  7 課外活動では具体的に何をしますか？ 119
  8 大学の付属施設は利用できますか？ 120
  9 非常時の対応方法についてお教えください。 121
  10 入学手続きをしましたが許可証がまだ届いていません。
   122

8. 予約する・注文する・クレームする 123
  1 ホテルの部屋についてお尋ねします。 124
  2 部屋の予約をお願いします。 126
  3 予約の確認です。 127
  4 予約をキャンセルします。 128
  5 先日そちらに宿泊した者ですが。 129
  6 先日そちらに注文した者です。 131
  7 もう一度ご確認願います。 132
  8 ポジャギを注文したいのですが。 133
  9 注文した商品の交換を希望します。 134
  10 注文した品が届きません。 135

9. 慶び・お祝いを伝える 137
  1 新年おめでとうございます。(1) 138
  2 新年おめでとうございます。(2) 139
  3 メリークリスマス！(1) 140
  4 メリークリスマス！(2) 141
  5 お誕生日おめでとうございます。 142
  6 ご結婚おめでとうございます。 143
  7 息子さん(娘さん)の就職おめでとうございます。 144
  8 無事出産しました！ 145
  9 ご出産おめでとうございます。 147
  10 トルチャンチ(一歳のお祝いの会)をします。 148
  11 (兵役からの)除隊おめでとうございます。 149
  12 還暦お祝い申し上げます。 151

10. お見舞い・お悔やみを伝える 153
  1 お大事に。 154

 2 お見舞いメールありがとう。 ……………………………… *155*
 3 盗難に遭ったとのことですが、だいじょうぶですか。 ……………… *156*
 4 台風の被害はありませんか？ ……………………………… *157*
 5 追突事故で怪我をしたそうですね？ お怪我は？ ……………… *158*
 6 心配してくださってありがとう。 ……………………………… *159*
 7 訃報 ……………………………… *160*
 8 謹んでお悔やみ申し上げるとともに、お母様のご冥福をお祈り申し上げます。
   ……………………………… *162*

11. ファンレター ……………………………… *165*
 1 いつも応援しています (1)。 ……………………………… *166*
 2 いつも応援しています (2)。 ……………………………… *168*

この本で使った語句・表現 ……………………………… *171*

韓国語メールの基本

　メールの構成は、件名をつけること以外は、ふつうの手紙と同じです。相手への呼びかけやあいさつ、本文、結語という構成になります。
　ただし、手書きではなく、おもにコンピュータを使用して作成するので、まずハングルを入力できるように設定する必要があります。設定は簡単にできます。
　ハングル入力の準備が整ったら、実際に韓国語でメールを作成します。混乱しがちな分かち書き、日本語とは異なる文章符号の使い方、そして、よく使うあいさつ言葉や接続語など、メールの骨組みにあたる部分を確認してみましょう。

ハングルの入力について ▼

1. コンピュータの設定方法
　まずはじめに、コンピュータでハングルを入力することができるように設定しましょう。
　ハングルの入力方式には、ローマ字入力、두벌식、세벌식などがありますが、ここでは最も一般的な두벌식の設定方法について説明します。

Windows 7 (Windows Vista) の場合
(1) スタートメニューからコントロールパネルへ。「時計、言語および地域」の「キーボードまたは入力方法の変更」を選択。(Vista はコントロールパネルの「地域と言語のオプション」から「キーボードと言語」へ。)

(2) 「キーボードの変更」を選んで「テキストサービスと入力言語」の「全般」の「インストールされているサービス」の「追加」で「韓国語」を選んで OK ボタンを押します。

(3) Alt キーと Shift キーを同時に押すことで入力言語を替えることができます。Windows でこの操作を行って韓国語入力モードにすると、言語バーに英数字を入力する Ⓐ という表示が現れますが、右の Alt キーを一回押すと表示が 가 に替わってハングルを入力できるようになります。

Macintosh (Mac OS X) の場合
(1) アップルメニューから「システム環境設定」の「言語環境」を開く。
(2) 「入力メニュー」をクリックし、「한글」「두벌식」にチェックを入れる。
(3) 「メニューバーに入力メニューを表示」にもチェックを入れる。
(4) 以上の設定でハングルの入力ができるようになります。入力言語を切り替えるには option キーと ⌘ キーとスペースキーを同時に押します。

Android の場合
　Android のスマートフォンでは、現在はそのままではハングルの入力ができるキーボードを設定することができません。

(1) Android マーケットから、ハングル入力するためのアプリ Google Korean IME などをダウンロードします。
(2) 入力するテキストボックスで長押しすると、「テキストを編集」がポップアップしますので「入力方法」をタップして「Korean keyboard」を選ぶとハングル入力用のキーボードが表示され入力できるようになります。

iPhone の場合
(1) 画面上にある「設定」アイコンをタップします。以下、「一般」＞「キーボード」と進み、各国語のキーボードを追加する画面で「韓国語」を追加します。
(2) 「携帯かな方式」のキーボードでは韓国語の入力はできません。左下の地球マークをタップするとフルキーボードに切り替わります。
(3) フルキーボードに切り替わったら、同様に左下の地球マークをタップすることで、設定してある言語のキーボードが順に表示されます。

2. ハングルの配列

キーボード上のハングルの配列は Macintosh でも Windows でも同じです。

左側に子音字、右側に母音字が割り当てられています。Shift キーを押しながら入力すると「ㄱ→ㄲ」「ㄷ→ㄸ」「ㅂ→ㅃ」「ㅈ→ㅉ」「ㅅ→ㅆ」「ㅔ→ㅖ」「ㅐ→ㅒ」のように文字種を替えることができます。

合成母音字のうちㅘ・ㅙ・ㅚ・ㅝ・ㅞ・ㅟ・ㅢは、「ㅗ＋ㅏ」のように連続して入力するだけで表示されます。

濃音の子音字の入力は Macintosh では「ㄱ＋ㄱ」のように二回連続して入力することもできます。

パッチム（終声）は入力プログラムが自動的に判断して入力されるので心配ありません。

11

※画面上にソフトキーボードを常に表示させておくことも可能ですが、それがわずらわしいという場合は、キーにハングルのシールを貼る、キーボードカバーにハングルの配列を書き込んでキーボードにかぶせて使用することも考えられます。韓国製の KS（Korean Standard）配列キーボードを使用するという方法もあります。ローマ字の配列は日本語の JIS 配列キーボードと同じです。平仮名部分がハングルになっているので、日頃から日本語をローマ字入力している人には便利です。

3. 送信の際の文字コードはユニコード（UTF-8）に

現在ほとんどのメールソフトやウェブメールでは、日本語・英数字・ハングルなど複数の言語の文字が混在したテキストでも文字化けすることはありません。まれに韓国語の文字コードで送られてきたメールが文字化けして読めない場合がありますが、ユニコード（UTF-8）で読み込み直すと、ハングルを表示させることができることもあります。

相手への返信は自動的に同じ文字コードで送られるよう設定されているウェブメールやメールソフトが一般的ですので、こちらからの送信メールをユニコード（UTF-8）に設定しておけば、文字化けした返信を受けとることを防ぐことができます。

4. 分かち書きと文章符号について

韓国語は原則として文節ごとに「分かち書き」をします。ハングルのみで表記すると、日本語のような「漢字かな混じり文」ではないために見た目のメリハリがつきにくいからですが、分かち書きの規則は公式に定められているものの、実際には人によってかなりの違いが見られます。

おおむね日本語の文節と同様ですが、日本語話者にとってまぎらわしいと思われる点を以下に挙げます。以下に挙げる点についても、分かち書きしない人もいます。

（1）名前と「さん」「役職名」の間は分かち書き

「白宣基さん」「白宣基先生」など、後に敬称や職業名、役職名がつく場合、「백선기 씨」「백선기 선생님」のように分かち書きをします。

(2) 固有数詞と助数詞の間は分かち書き

　「一個」「二時」「三人」など、固有数詞と助数詞がセットになっている場合は、「한 개」「두 시」「세 명」のように分かち書きします。

　ただしアラビア数字で表記する場合は、「1개」「2시」「3명」のようにつけて書きます。

(3)「してみる、してやる、しておく」などの補助用言は分かち書き

　「食べてみました」は「食べて＋みました」のように分けることができます。「みました＞みる」の部分が補助用言です。この補助用言は直前の本動詞と分かち書きします。「食べてみました」は「먹어 봤어요.」のように表記します。

　ただし、알아보다（調べてみる）のように一単語として定着したものは分かち書きしません。

(4) 文章符号について

　文末にはピリオド（.）、疑問文なら疑問符（？）を使うのが一般的です。必要に応じて感嘆符（！）を使用してもかまいません。

　韓国語は分かち書きをしますので、日本語のように読点（、）を使うことはほとんどありませんが、長いセンテンスではカンマ（,）を使う人もいます。

　「はい 네 / 예、いいえ 아니요 / 아뇨、さあ 자」などの間投詞の後や、名詞などを羅列する場合にカンマ（,）を入れるのが一般的です。

　台詞や引用の場合は、カギかっこ（「　」『　』）ではなく、ダブルクォーテーション（" "）を使うのが普通です。台詞や引用の中に他の台詞などが入れ子になっている場合や、自分の心のうちや独り言などはシングルクォーテーション（' '）を使います。

メールの基本 ▼

1. 件名のつけかた

　絶対このように件名をつけなければならないというルールはありません。自分の名前を件名にして、「백선기입니다.（白宣基です。）」と簡単にすませる人も多く見受けられます。
　一般的には内容を簡単に表した短い文章や体言止めの件名がわかりやすいとは言えます。
　　例）「パーティをやります。」→「파티를 개최합니다.」
　　　　　　　　　　　　　　　「파티 개최」
　日本語は「読み」「買い食い」のような用言の名詞形が発達しています。これと同一ではありませんが、名詞形語尾ㅣ-기を使って件名とすることも考えられます。たとえば、「皆で食べ物を持ち寄ってパーティをする」という内容のメールならば「각자 음식 가져오기 파티（各自食べ物持ち寄りパーティ）」という件名にしても良いでしょう。

2. 敬称

　メールの冒頭に相手の名前を書くことも多くあります。呼び捨てにするか、敬称や役職名をつけるかは、相手と自分の距離によって判断します。メールが私的なものか公的なものか、知り合いかそうでないか、自分と相手の年齢や立場などケース・バイ・ケースですが、以下の三つを使い分けるのが良いでしょう。

（1）同年配あるいは年下でくだけた口調で喋り合える親しい相手

　　下の名前または親しみをこめた呼び名（パッチムで終わる名前の場合は이がつきます）だけを呼び捨てにするか、「〜さん」にあたる씨をつけます。

　　例）「スイル（へ）」　　　수일 (에게)、수일이 (에게)
　　　　「スイルさん（へ）」　수일 씨 (에게)

　「〜へ、に」にあたる에게は必須ではありません。この場合、話し言葉でよく使われる한테は一般的ではありません。

姓にだけ씨をつけるのは相手が年下でも失礼にあたります。ただし相手が韓国人でなければ、姓にだけ씨をつけることもよくあります。

(2) 同年配あるいは年上で一定の礼儀を保ちつつ親しく付き合っている相手
下の名前に씨をつけるか、フルネームに씨をつけます。
姓にだけ씨をつけるのは年下でも失礼にあたります。ただし相手が韓国人でなければ、姓にだけ씨をつけることもよくあります。

 例)「スイルさん (へ)」 수일 씨 (에게)
  「チョン・スイルさん (へ)」 정수일 씨 (에게)

この場合も에게はつけなくてもかまいません。

(3) 年齢に関係なく折り目正しくかしこまった態度で接すべき相手
姓またはフルネームに役職名あるいは職業名 (部長、先生など) をつけるのが一般的です。선생님は、かならずしも教師だけではなく、一般的に目上の相手のつける敬称としても使われます。

 例)「チョン先生 (へ)」 정 선생님 (께)
  「チョン・スイル先生 (へ)」 정수일 선생님 (께)

この場合、에게ではなく께とすることで目上の相手への敬意を表すことができますが、つけなくてもかまいません。

団体から個人の会員や顧客へ向けてフルネームの後に님をつけることがありますが、個人同士のメールでは一般的でありません。

(4) 結語
日本語のメールや手紙における「敬具、草々」などにあたる韓国語は、自分の名前の後につけます。相手と自分との関係によって使う結語は違ってきます。単なる問い合わせの場合などは省略してもかまいません。

①同年配あるいは年下でくだけた口調で喋り合える親しい相手
最後に自分の名前を書いてそのままにしておくか、自分の名前に助詞「이 / 가」をつけます。

例）「スイル（より）」　　　수일、수일이
　　「チョン・スイル（より）」　정수일、정수일이
　　「ユミ（より）」　　　　유미、유미가
　　「キム・ユミ（より）」　　김유미、김유미가

②同年配あるいは年上で一定の礼儀を保ちつつ親しく付き合っている相手
　自分のフルネームの後に드림「拝」（差し上げる드리다の名詞形）をつけるのが一般的です。

例）「チョン・スイル（より）」　정수일 드림

　드림のかわりに씀（書く쓰다の名詞形）をつけることもありますが드림よりも丁寧さは落ちます。

③年齢に関係なく折り目正しくかしこまった態度で接すべき相手
　一族の長老など自分よりかなり格上の相手や、団体から顧客に向けてのメールなどでは올림（上げる올리다の名詞形）を使います。

例）「チョン・スイル（より）」　정수일 올림

　他にも배상［拝上］などがあります。

3. メールの本文
用件をわかりやすく伝えるにあたって、さまざまな展開が考えられますが、特に決まったルールはありません。

（1）話題の流れを次のような接続語で示すのは有効です。

①前の内容を受けて発展させる
　　だから　　　　그러니까　　　　　　それで　　　　그래서
　　そうしたら　　그랬더니　　　　　　それゆえに　　그러므로
　　そこで　　　　거기서　　　　　　　そういえば　　그러고 보니까
　　なるほど、はたして　과연　　　　　つまり　　　　다시 말해서
　　なぜなら　　　왜냐면

②前の内容を打ち消す
　　でも　　　　　그렇지만, 그래도　　　　だけど　　　　　하지만
　　しかし　　　　그러나　　　　　　　　　　ところが　　　　그런데
　　にもかかわらず　Ⅰ'- 는데도 / Ⅱ'- ㄴ데도 불구하고, 名詞도 불구하고

③前の内容と関連が無いことを述べる
　　ところで　　　그런데　　　　　　　　それはそうと　그건 그렇고
　　ほかでもないけれど　다름이 아니라

④前の内容の中でポイントとなる部分や他の選択肢を挙げる
　　でなければ、それとも　아니면　　　ひょっとしたら　혹은
　　または　　　　　　　　또는　　　　　たとえば　예를 들면, 예를 들어
　　そのうえ　　　　　　　게다가

(2) その他に、メールの冒頭と結びでよく使われる表現などをいくつか挙げてみます。

①メールの冒頭
　　こんにちは。　　　　　　　　　　　　안녕하세요?
　　いかがお過ごしですか？　　　　　　　잘 지내세요?
　　ご無沙汰しております。お久しぶりです。　오래간만입니다.
　　お元気でしたか？　　　　　　　　　　잘 지내셨어요?
　　先日はありがとうございました。　　　지난번에는 감사했습니다.
　　突然のメールで申し訳ありません。　　갑자기 메일을 드려서 죄송합니다.

②メールの結び
　　さようなら。　　　　　　　　　　　　안녕히 계세요.
　　また会いましょう。　　　　　　　　　또 만나요.
　　　　　　　　　　　　　　　　　　　　다음에 또 만나요.
　　またメールします。　　　　　　　　　또 쓰겠습니다.
　　～によろしくお伝えください。　　　　~ 에게 (한테, 께) 안부 전해 주세요.

良い一日（週末、一週間）になりますように。
　　　　　　　　　　　　　　　　　좋은 하루(주말, 한 주간) 보내세요.
健康にお気をつけください。　　　　　건강하세요.
(季節の替わり目の)風邪にお気をつけください。
　　　　　　　　　　　　　　　　　(환절기) 감기 조심하세요.

＊メール本文の終わりにこれらの結びの表現を使い、最後に안녕히 계세요(계십시오). と署名の前に書くこともあります。(本書では基本的に省略しました。)

韓国語メールの実例

メールは、暮らしの中で起こり得るさまざまな出来事を相手と共有する重要なツールのひとつです。お喋りをするように相手に伝えるメールもあれば、感謝や謝罪など不可欠なメール、また、日程、場所、金額などをはっきりさせて伝える約束や予約、クレームなどさまざまなメールを11の章に分けて紹介します。

この章の使い方

1. 各メールの構成

　全部で11の章にわけて、日常のさまざまなシチュエーションのメールを紹介しています。最初にどのような内容のメールかを示し、次に韓国語の本文、そして日本語訳をつけました。日本語訳では原則として、相手の名前と自分の署名部分は省略しました。「語句と表現」として、メール本文に出てくる韓国語の語句や表現についての補足と、その他の用例を挙げました。

2. Ⅰ・Ⅱ・Ⅲの形

　本書では、韓国語の文法的な項目を説明するにあたって、用言の語幹（母音語幹・ㄹ語幹・子音語幹）を3つにわけて、ローマ数字（Ⅰ・Ⅱ・Ⅲ）で表しています。母音語幹・ㄹ語幹・子音語幹それぞれに、Ⅰ・Ⅱ・Ⅲの形があることになります。Ⅰ・Ⅱでは（'）がついたⅠ'・Ⅱ'の形もあります。
　韓国語の語尾は、Ⅰ・Ⅱ・Ⅲの形のどれにつくか決まっています。

	母音語幹	ㄹ語幹	子音語幹
Ⅰ	基本形から다をとりのぞいたものと同じ形		
Ⅱ	基本形から다をとりのぞいたものと同じ形		基本形から다をとりのぞいたものに으がついた形
Ⅲ	基本形から다をとりのぞいたものに아か어がついた形		

　母音語幹とㄹ語幹のⅠとⅡは形の上で区別がつきません。
　子音語幹のみ、Ⅱで으がつきます。
　語尾によっては、ㄹ語幹のⅠとⅡでㄹが脱落します。ㄹが脱落した形を、右肩に（'）つけて「Ⅰ'」「Ⅱ'」のように表します。Ⅲではㄹは脱落しません。
　具体的には次の表のようになります。

	보다（母音語幹）	만들다（ㄹ語幹）	받다（子音語幹）
Ⅰ-지만	보지만	만들지만	받지만
Ⅰ'-는	보는	만드는	받는
Ⅱ-러	보러	만들러	받으러
Ⅱ'-세요	보세요	만드세요	받으세요
Ⅲ-서	봐서	만들어서	받아서

1 近況を尋ねる・報告する

日々の生活の中で起きたことを、親しい知り合いや友人に伝えるメールです。久しぶりの相手に自分の近況を伝えたり、相手がどうしているかを尋ねる際の参考にしてください。メールは面と向かっての会話ではありませんが、相手が親しい人物ということで、ここでの文体は主に会話で使われる해요体が中心になります。합니다体をところどころに使うと礼儀正しさも表現できます。

1-1 お久しぶりです。お元気ですか?

大川誠がソウルでのホストファミリーだった鄭泰俊にメールをします。

제목: 오랜만입니다. 잘 지내세요?

정태준 씨

오랜만입니다¹. 잘 지내세요? 기억하고 계신지요?
작년에 댁에서 홈스테이를 했던 오카와 마코토입니다.
그 때는 정말 신세가 많았습니다². 가족분들 모두 건강하신지요?
한국에서 일본으로 돌아온 후, 전부터 다녔던 한국어 학원에 계속 다니고 있습니다.
태준 씨 댁에서 실제로 경험한 덕분에 지금까지 질색이었던 듣기³가 즐거워지고 있습니다.
올해 안에⁴ 또 서울에 갈 예정입니다. 그때, 괜찮으시다면 저의 향상된 (?) 한국어 실력을 봐 주세요.

오카와 마코토 드림

お久しぶりです。お元気ですか? 覚えていらっしゃるでしょうか?
昨年お宅でホームステイさせていただいた大川誠です。
その節はまことにお世話になりました。ご家族の皆様もお元気でしょうか?
韓国から日本に戻って、前から通っていた韓国語スクールに続けて通っています。
泰俊さんのお宅で実地に経験したおかげで、今まで苦手だった聞き取りも楽しくできています。
今年中にまたソウルに行く予定があります。その時に、もしよろしければ、私の上達した(?)韓国語を聞いてください。

語句と表現

1 오랜만입니다:오래간만입니다としても良いでしょう。
2 신세가 많았습니다:「お世話になりました」は신세가 많았습니다または신세를 졌습니다です。これは、相手が自分に対していろいろしてくれたという含みを持ちます。ほかにも폐[弊]를 끼쳤습니다、폐가 많았습니다という表現があります。こちらは、自分が相手に対して迷惑をかけたという意味になります。

3 질색[窒塞]이었던 듣기:「苦手だった聞き取り」。약점[弱点]이었던 듣기(弱点だった聞き取り)、서툴렀던 리스닝 (つたなかったリスニング) としても良いでしょう。
4 올해 안에:「ある期間のうちに」の「うちに、中に」は안에、または중[中]에となります。속에は使いません。

📖 봐 주세요

　文字通り「見てください」という意味ですが、봐 주세요には「大目に見てください」という、手加減をお願いするニュアンスもあります。このメールの末尾で大川誠が「한국어 실력을 봐 주세요」と書いていますが、これは「韓国語の実力を見てください」ともとれますし、「間違いが多いかもしれないけれど、そこは大きな心で大目に見てください」のように、どちらとも解釈できます。

✉ 1-2 メールありがとうございます。

✉1に対しての鄭泰俊の返信です。主に합니다体を使って、軽くなりすぎないように配慮しています。

제목 : 메일 감사합니다.

오카와 마코토 씨

메일 감사합니다. 홈스테이로 손님을 맞았던¹ 것은 이번이 처음이었습니다.
매우 재미있는 분이 다녀 가셨다고 생각만 나면² 지금도 가족들과 이야기 하곤 합니다.
저는 물론 집사람, 아들아이³ 도 건강하게 잘 지내고 있습니다⁴.
혹시 서울에 오실 일이 있으시면 꼭 연락 주세요.
지난번에는 저희들도 긴장해서 딱딱한 한국어 (?) 만 사용했습니다만 이번에⁵ 볼 때는⁶ 실제 사용하는 편안한 한국어로 이야기 하지요.

정태준 드림

メールありがとうございます。ホームステイの受け入れは私たちも初めての経験でした。とても楽しい人がやってきたものだと、今でも家の者と思い出しては話したりしています。
私はもちろん、妻と息子も元気でやっております。
もしソウルにいらっしゃることがありましたら、是非ご連絡ください。
前回は私たちも緊張していましたので、堅苦しい韓国語（？）ばかりを使ってしまいました。
今度お会いする時は、実際に使うもっとふつうの感じの韓国語でお話しましょう。

語句と表現

1 맞았던 : 맞이하다（迎える）を使って맞이했던としても良いでしょう。
2 생각만 나면 :「思い出しさえすれば」。単に생각이 나면とすると「思い出すと、思い出せば」ですが、만が入ることで「思い出すといつもきまって」のようになります。
3 아들아이 :「息子」。単にアドゥルだけでもかまいませんが、아들 아이のように아이をつ

けると話し言葉風なやわらかい感じを出すことができます。딸（娘）も딸아이のようにすることができます。아이を애とすると、より話し言葉風になります。

4 잘 지내고 있습니다：「元気でやっている」ことを表す表現として、単に잘 있습니다や잘 지냅니다もあります。

5 이번에：「今回、このたび」ならば이번에、「次の機会」ならば다음에となります。ここでは「前回の出会い」に対しての「今回」という意味で이번에を使っていますが、다음에に置き換えることも可能です。

6 뵐 때는：「お会いする、お目にかかる」は뵙다と뵈다があります。뵙다は뵙겠습니다と뵙고の形で多く使われ、それ以外の語尾がついた形では뵈다が多く使われます。特に文末の해요体では봬요、뵐게요のように뵈다を使うのがふつうです。

✉ 1-3 │ ソウルに行く予定です。

休暇をとった大川誠が家族とソウルに旅行することになり、鄭泰俊にメールで知らせます。

제목: 서울에 갈 예정입니다.

정태준 씨

안녕하세요. 오카와 마코토입니다.
일이 바빠서 좀처럼 한국에 가기 어려웠는데, 이제 겨우[1] 휴가를 받게 되었습니다.
다음주 금요일부터 다다음주 월요일까지 3박 4일 예정입니다. 하네다 - 김포 간의 항공권[2]도 예약했습니다.
태준 씨만 시간이 괜찮으시다면[3] 함께 식사라도 어떠신지요?
이번에는 저뿐만 아니라 집사람, 딸도 같이 갑니다.
딸아이는 태준 씨의 아드님과의 첫만남을 무척 기대하고 있는 것 같아요[4].

오카와 마코토 드림

こんにちは。大川誠です。
仕事が忙しく、なかなかソウルに行くことができないでいましたが、やっと休みをとれました。
来週の金曜日から再来週の月曜日までの3泊4日の予定で、羽田－金浦の航空券も予約できました。
泰俊さんのご都合がよろしければ、一緒にお食事でもいかがでしょうか？
今回は私だけでなく妻と娘も一緒です。
娘は泰俊さんの息子さんに初めて会うのをとても楽しみにしているのですが。

語句と表現 □

1 이제 겨우：「今になってようやく」。지금は「今現在、現状」の意味しかありませんから、ここでは「今現在に至って」という이제が適切です。
2 항공권：항공권[航空券]。티켓、비행기표[飛行機票]としてもかまいません。
3 태준 씨만 시간이 괜찮으시다면：만を添えることで「泰俊さん（の都合）さえよろ

しければ」のように、限定・強調することができます。
4 무척 기대하고 있는 것 같아요：単に기대[期待]하고 있다や、손꼽아 기다리고 있다（指折り数えて待っている）としても良いでしょう。少し格式張った表現として학수고대[鶴首苦待]하다があります。학수고대は「首を長くして待つ」という意味です。

✉ 1-4 楽しみにしています。

✉3に対しての鄭泰俊の返事です。二度目のやりとりなので、합니다体を残しつつ、親しみを込める意味で해요体を織り交ぜています。

제목 : 기대하고 있겠습니다.

오카와 씨

서울에 오시는군요?[1] 물론 기꺼이 같이 식사해야지요[2].
지난번 홈스테이에서는 매일 가정요리를 드셨으니, 이번에는 모처럼 뭔가 보기 드문 요리라도 먹으러 갈까요?
일본 가이드북에 실려 있지 않을 것 같은, 예를 들면 추어탕이라든가, 아귀찜[3] 이라든가.
입에 맞으실지 어떨지 모르겠습니다만 이 외에도 여러 가지가 있습니다.
식사뿐만 아니라 어딘가 가고 싶은 곳이 있으시면 연락 주세요.
가족 모두[4] (특히 아들아이가) 손꼽아 기다리고 있습니다.

정태준 드림

ソウルにいらっしゃるのですね。喜んでお食事をご一緒したいと思います。
前回のホームステイでは毎日家庭料理ばかりでしたが、今回はせっかくですから何か珍しいものでも食べてみましょうか？
日本のガイドブックには載っていないような、たとえば、チュオタンとか、アグチムとか。
お口に合うかどうかわかりませんが、このほかにもいろいろあります。
お食事だけでなくて、どこか行ってみたいところがあったらご連絡ください。
家族一同（特に息子が）楽しみにしています。

語句と表現　□

1 서울에 오시는군요？：Ⅰ'- 는군요に疑問符をつけることで、驚き、そして納得しつつ、確認している感じを出しています。
2 물론 기꺼이 같이 식사해야지요：「もちろん喜んで一緒に食事をしなくてはね」という意味ですが、ここでは純粋な義務の意味ではなく、「一緒に食事をしてこそ嬉しい、一緒に食事をするのが当然だ」という意味で使っています。Ⅲ- 야지요は「〜

しなくては、しなくちゃ」のような義務表現だけではなく「そのようにしたい、そうありたい」という含みで使うことができます。
3 아귀찜：正書法として正しいのは아귀찜ですが、話し言葉では아구찜と発音されることが多く、아구찜と表記したメニューもよく見かけます。
4 가족 모두：가족 일동 [家族一同] でもいいのですが、가족 모두がより自然です。

📖 文中のカンマ

　文中のカンマはあっても無くても良いのですが、文が長い場合はカンマでいったん区切って調子を整えることもあります。ただし日本語の読点（、）のように頻繁に使うことはありません。

1-5 明けましておめでとうございます。

　大川誠がソウルに短期語学留学した時に世話になった先生に新年のあいさつを送りました。

제목 : 새해 복 많이 받으세요.

박수진 선생님

새해 복 많이 받으세요.[1]
작년에 단기 어학 연수[2] 중에는 신세를 많이 졌습니다. 실제적이면서도 재미있는 선생님의 수업이 지금도 머리 속에 남아 있습니다.
지금 이렇게 한국어로 메일을 쓸 수 있는 것도 선생님 덕분입니다. 정말 감사합니다.
올해[3]의 목표는 자막에 의지하지 않고 한국 드라마를 감상하는 것입니다.
이번 해[3]가 선생님에게 있어서 멋진 한 해가 되시기를, 선생님의 수업을 받는 학생이 늘어나기를, 또 가족 모두 건강하시기를 기도드립니다.[4]

오카와 마코토 드림

明けましておめでとうございます。
昨年の短期語学留学ではお世話になりました。実践的かつ楽しい先生の授業が今でも脳裏に残っております。
今こうして韓国語でメールを書くことができるのも先生のおかげです。
本当にありがとうございました。
今年の目標は、字幕に頼らないで韓国ドラマを鑑賞することです。
本年が先生にとってすばらしい一年となりますよう、先生の授業を受けることができる学生が増えますよう、またご家族の皆様のご健康をお祈りいたします。

語句と表現

1　새해 복 많이 받으세요：最も一般的な「明けましておめでとうございます」にあたる表現です。새해 복 많이 받으십시오としても大きな意味の違いはありません。
2　어학 연수：어학 연수［語学研修］。「語学留学」は어학 유학ではなく어학 연수とす

るのが一般的です。
3 올해、이번 해:「今年」はふつう올해でかまいません。ここでは同じ語の反復を避けるために이번 해と言い換えています。
4 가족 모두 건강하시기를 기도드립니다:年賀状に限らずかしこまった挨拶や近況報告のメールの最後に添える文言です。I-기를 기도(기원)드리다、I-기를 바라다という表現を使って、相手の状況に応じて「〜なさいますことをお祈りいたします、〜であることをお祈りいたします」のように応用することができます。

1-6 暑中お見舞い申し上げます。

大川誠が鄭泰俊に送った暑中見舞いのメールです。

제목 : 서중 문안드립니다.

정태준 씨

서중 문안드립니다.[1]
일본의 올해 여름은 예년보다 더 심한 폭염[2]이 계속되고 있습니다. 집사람이 냉방병 걸린다며 에어컨 사용을 좀처럼 허락해 주질 않아서 괴로운 나날을 보내고 있습니다만, 태준 씨 댁도 마찬가지십니까?
한국에서는 '이열치열'이라는 말이, 있다면서요? 더울 때는 뜨거운 음식으로 더위를 날려 보낸다[3]는 것이지요?
저는 아무래도 흉내내기 어렵지만, 어쨌든 힘내서 이 여름을 이겨 내려고 합니다.
텔레비전으로 보는 '해외 날씨'에서는 서울도 더운 것 같네요.
가족 모두의 건강을 기원합니다.

오카와 마코토 드림

暑中お見舞い申し上げます。
日本の今年の夏は例年になくひどい猛暑が続いております。
妻は冷房病になると言って、エアコンの使用をなかなか許してくれないのがつらいところですが、泰俊さんのところも同じですか？
韓国では「以熱治熱」という言葉があるそうですね。暑い時には熱い食べ物で暑さを吹き飛ばすということですよね？
私にはとうてい真似できませんが、がんばって夏を乗り切れればと思います。
テレビで見る「海外の天気」ではソウルも暑そうですね。
ご家族皆様のご健康をお祈りいたします。

語句と表現　□

1 서중 문안드립니다：서중［暑中］、복중［伏中］という語はありますが、韓国語としては一般的でありません。最も暑い時期のことは삼복 더위［三伏－－］と言います。はがきやメールで暑中見舞いをする習慣は韓国にはありませんが、ここでは大川誠が鄭泰俊に夏の挨拶をするということであえて서중 문안［問安］드립니다としています。「残暑お見舞い」ならば늦더위 문안となります。
2 폭염：「猛暑」は폭염［暴炎］と言います。심［甚］한 더위（ひどい、はなはだしい暑さ）、된 더위（ひどい暑さ）という言い方もあります。
3 더위를 날려 보내다、여름을 이겨 내다：「暑さを吹き飛ばす」「夏を勝ち抜く」。一般的に「暑さをしのぐ」は더의을 나다となります。「夏バテする」は더위을 타다、더위를 먹다です。メールの冒頭や結びの表現として、더위 조심하세요（暑さにお気をつけください）、더위 먹지 마세요（夏バテなさらないでください）、건강 관리 잘 하세요（健康管理をきちんとなさってください）などがあります。

1-7 最近、禁煙に成功しました。

禁煙に成功した鄭泰俊が、やはり禁煙を考えている大川誠の近況を尋ねています。

제목 : 최근에 금연에 성공했습니다.

오카와 씨

그동안 격조했습니다.[1]
실은 지난번 뵈었을 때 오카와 씨가 '담배를 끊으려고 한다.'고 말씀 하신 것을 듣고 저도 금연을 시작했답니다.[2]
혼자만의 노력으로는 무리라는 것을 알고 있었기 때문에 보건소에서 하고 있는 금연 클리닉을 이용했습니다. 상담과 약물 치료를 병행하고, 스케줄에 따라서 금연 프로그램에 참가했습니다.
덕분에 지금은 완전히 금연에 성공했습니다. 가끔 주위에서 피우는 담배 연기 때문에 머리가 핑 돌 때가 있습니다[3] 만, 스스로 피우지는 않게 되었습니다.
오카와 씨는 성공하셨습니까?

정태준 드림

ご無沙汰しております。
実は、前回お会いした時、大川さんが「タバコをやめようと思っている」とおっしゃっていたのを聞いて、私も禁煙を始めたんですよ。
自分一人の力だけでは無理なのはわかっていたので、保健所でやっている禁煙クリニックを利用しました。カウンセリングと薬を併用した、スケジュールに沿っての禁煙プログラムに参加しました。
おかげで今ではすっかり禁煙に成功しました。たまに人が吸っているタバコの煙でクラッとなる時がありますけれど、自分からは吸わなくなりました。
大川さんは成功しましたか？

語句と表現 □

1 격조했습니다：격조[隔阻]하다는「遠くに離れていて音信がとだえる」という意味です。적조[積阻]하다という語もあります。単独で、またはユ동안 격조/적조했습니다、오랫동안 격조/적조했습니다などのように使います。
2 시작했답니다：시작했다고 합니다が縮まった形ですが、引用の意味はありません。間接話法（한다体＋고 하다）の「고 하」部分を抜いた形は、自分に関する情報を相手に知らせたり、場合によっては言い聞かせたりする場合に使うこともできます。単に시작했습니다とするよりも、打ち明ける感じがします。
3 핑 돌 때가 있습니다：「ぐるっと回る時があります」。핑 돌다は「物が回転する」ですが、目眩や、「近所をぐるっと回る（遠回りなど）」という場合にも使うことができます。

1-8 ついに転職しました。

転職が決まった大川春江が、アドバイスをしてくれた金秀貞に報告するメールです。

제목 : 드디어 전직했습니다.

김수정 씨

오래간만이에요. 별일 없으신가요?¹
지난번 여행 때 잠시 이야기 한 전직² 건 말인데요. 드디어 결단을 내렸어요.
나이가 나이이기도 하고³ 좀처럼 조건에 맞는 곳이 없어서 힘들었는데, 아는 사람이 본인의 회계 사무소에서 일을 해 달라고 해서 일단 안심을 한 참이에요.⁴
결혼 하고 나서도 큰 회사에서 계속 일을 해 왔지만, 전담 업무 이외의 다른 업무도 많은 데다가 꽤 힘들다고 느낀 참이라, 이제는 덕분에 조금은 편해질 듯해요.
역시 일은 계속하고 싶기도 하고요. 수정 씨 조언 덕분이에요.
고마워요.

오카와 하루에 드림

お久しぶりです。お変わりありませんか？
前回の旅行の時にちょっとお話した転職の件ですが、ついに決断しました！
この年ですからなかなか条件に合うところが無くて苦労しましたけれど、知り合いが自分のところの会計事務所で働いてくれないかと言ってくれてひと安心しているところです。
結婚してからも、大きな会社でがんばってきましたが、自分の担当以外の仕事も多いうえにハードになってきているところだったので、おかげでこれで少し楽になりそうです。
やっぱり仕事は続けたいですしね。秀貞さんの助言のおかげです。
ありがとう。

> **語句と表現** □

1 별일 없으신가요?:별일[別-]は「特別なこと、日常以外のこと」という意味です。별거も同様に使うことができます。「変化が無い」という意味の변함없다とは意味が異なります。
2 전직:전직[転職]。직장[職場]을 옮기다、회사[会社]를 옮기다、일자리를 옮기다、という表現もあります。
3 나이가 나이이기도 하고:「年も年だけに」の慣用的な表現です。
4 일단 안심을 한 참이에요:Ⅱ'-ㄴ 참이다は「~したところだ、~なところだ」のように、そのような状況にあることを表します。自分の近況を説明する表現として使うと相手に状況がよく伝わるでしょう。

1-9 メールアドレスを変更しました。

メールアドレス変更の知らせを BCC で送ります。

제목 : 메일 주소가 바뀌었습니다.

< 본 메일은 모두 BCC 로 보냅니다 >

잘 지내고 계신지요?
이번에 메일 주소를 변경했습니다[1].
새로운 주소는 지금 보내 드리는 이 메일과 같습니다.

새로운 메일 주소 : taejun-jeong@korea.com

번거롭게 해 죄송합니다만 메일 주소록의 변경을 부탁드립니다[2].

정태준 드림

＜本メールはすべて BCC にてお送りしております＞
お元気でお過ごしのことでしょうか。
このたびメールアドレスを変更いたしました。
新しいアドレスは今お送りしているこのメールと同じです。
新メールアドレス：taejun-jeong@korea.com
お手数をかけて申し訳ありませんがアドレス帳の変更をお願いいたします。

語句と表現

1 이번에 메일 주소를 변경했습니다：メールアドレスはメ일 주소[－－住所]と言います。「メールアドレスを替える」は메일 주소를 변경하다／바꾸다、「メールアドレスが替わる」は메일 주소가 변경되다／바뀌다です。
2 메일 주소록의 변경을 부탁드립니다：アドレス帳は주소록[住所録]となります。「変更をお願いします」のほかに、「今後はこちらのアドレスにご連絡ください。앞으로는 이 메일 주소로 연락해 주시기 바랍니다.」などの文を加えても良いでしょう。

1-10 最近引っ越しました。

知り合いや関係者に、BCC で一括して引っ越ししたことを知らせるメールです。

제목 : 최근에.¹ 이사했습니다.

< 본 메일은 모두 BCC 로 보냅니다 >

잘 지내시는지요?²
이번에 이사를 함으로써 주소와 전화번호가 바뀌었으므로 여러분께 알려드립니다³.
새 주소 : 120-774 서울시 서대문구 홍제1동 25-57 대동 아파트⁴ B 동 1926호⁵
전화 : 02-3291-7811 (휴대전화 번호와 주소는 변하지 않았습니다)
지하철 3호선 홍제역에서 걸어서 5분 정도입니다. 전에 살던 집보다 출퇴근 시간이 조금 짧아졌습니다. 좁은 집이기는 하지만, 시간이 되시면 꼭 놀러 오세요.⁶

박수진 드림

＜本メールはすべて BCC にてお送りしております＞
いつもお世話になっております。
このたび転居に伴い住所と電話番号が変わりましたので皆様にお知らせいたします。
新住所：120-774 ソウル市西大門区弘済1洞 25-57 大東マンション B 棟 1926号室
電話：02-3291-7811 （携帯電話の番号とアドレスは変更ありません）
地下鉄だと3号線の弘済駅から歩いて五分くらいです。前の家より少し通勤時間が短くなりました。狭い家ではありますが、お時間がありましたら是非遊びにお寄りください。

語句と表現

1 최근에：최근[最近]に助詞のエをつけるのが自然です。이번에（このたび）でも可。
2 잘 지내시는지요？：日本語の「お世話になっています」という定型句は韓国語には無いので、「お元気でお過ごしでしょうか」という挨拶を冒頭に述べるのが一般的です。
3 引っ越ししたことをかしこまった文体で知らせています。

4 아파트：韓国語の아파트（アパート）は日本の「マンション」にあたります。
5 1926호：マンションなどでは単に호［号］とだけとし、호실［号室］とは言いません。
6 시간이 되시면 꼭 놀러 오세요：「時間が良ければ是非遊びに来てください」。転居の知らせで、末尾に使う定型文があるわけではありません。日本語と同様な内容で 가까운 곳에 나오실 일이 있으시면 꼭 들러 주세요（お近くにお越しの際は是非お立ち寄りください）のようにしても良いでしょう。韓国では引っ越した後に、新居に人を招く집들이（引越祝いパーティ）をよくします。

2

誘う・招く

相手との約束で日時や場所を決めるときに、事実誤認などを防ぐためにメールは有効なツールです。口頭での約束では聞き間違いなどがありますが、メールならばきちんと相手に伝えることができます。この章では、相手を誘ったり、また、その招待を受ける場合と断る場合のメールを見てみることにします。添付ファイルを送る際のフレーズも出てきます。

✉ 2-1 | ソウルに来ています。急ですがお会いできませんか？

大川春江が知り合いのツアーガイドの李珠英にメールを出しています。旧知の間柄なので、かしこまった文体ではなく主に해요体を使っています。

제목 : 서울에 와 있어요. 갑작스럽기는 하지만 만나 뵐 수 있을까요?

이주영 씨

안녕하세요. 실은 지금 가족과 서울에 와 있어요!
내일은 자유 일정이라서 남편과 딸아이는 이전 홈스테이 때 신세를 졌던 댁에 놀러 <u>간다고 하네요</u>[1].
갑자기 죄송하지만 혹시 내일 괜찮으시다면 <u>만날 수 있을까요?</u>[2]
점심때쯤 어떠세요? 오랜만에 주영 씨와 얘기를 나누고 싶네요.
오늘 중으로 메일 주세요. 밤에 확인할게요.
호텔 프런트 PC 에서

오카와 하루에 드림

珠英さん、こんにちは。じつは今、家族とソウルに来ています！
明日は自由行動の日で、夫と娘は以前にホームステイでお世話になったお宅に遊びに行くそうです。
急で申し訳ありませんが、もし明日よかったらお会いできませんか？
お昼頃はどうでしょう。久しぶりに珠英さんとお話したいです。
今日のうちにメールください。夜に確認しますから。
ホテルのフロントのPCより

語句と表現 □

1 간다고 하네요、나누고 싶네요：「行くそうですねえ」。Ⅰ'-네(요) は詠嘆形と呼ばれますが、驚きだけではなく、独り言や軽い納得、思い入れを表します。ここでは、春江が、夫と娘は自分とは別の予定があるということや、珠英と久しぶりに会って話をしたいということを、なかば自分に言い聞かせるような形で述べています。

2 만날 수 있을까요？：「会うことはできるでしょうか？」。誘いかける場合、いきなり만납시다とすると、相手の都合を考えずに自分の要求だけを伝えてしまうことになるので、このように問い掛ける形で誘うとやわらかい感じになります。

2-2 | OKです。ロッテ百貨店の前で待ち合わせしましょう。

✉1に対する李珠英の返信です。堅苦しい挨拶は抜きで、端的に用件だけを伝えています。

제목 : OK 예요. 롯데백화점 앞에서 만나지요.

오카와 하루에 씨

아, 그래요?
네, 내일은 휴무일이라[1] 괜찮아요.
약속 장소는, 글쎄요[2], 롯데백화점 앞에서 만날까요?[3]
시간은 오후 1시 괜찮으세요?
그러고 보니[4] 하루에 씨 롯데백화점 지하의 푸드 코트를 마음에 들어하셨죠? (^^)

이주영 드림

あら！　そうなんですか！
はい、明日なら仕事がオフなのでだいじょうぶです。
待ち合わせは、そうですね、ロッテ百貨店の前でお会いしましょうか？
時間は午後一時でいいでしょうか。
そういえば、春江さん、ロッテの地下のフードコートがお気に入りでしたね（笑）。

語句と表現

1 휴무일이라 : [休務日]。비번 [非番] としても良いでしょう。- 이라は이라서が縮まったもので「〜ということなので」のように名詞そのものを引用する形で原因を述べる際に使うことができます。
2 글쎄요 : 「そうですねえ」のように、考えつつ口ごもるような場合、話し言葉的な表現としてこのように글쎄요を使います。より会話的な表記として음などもあります。
3 만날까요? : Ⅱ'ㄹ까요? を使って提案する形をとることで、押しつけがましさをなくしています。ほかにもⅠ-지요を使って만나지요. のようにしても良いでしょう。만나기로 할까요?/ 하지요. とすると「会うことにしましょうか」となります。
4 그러고 보니 : 「これまでのことを考え合わせてみたところ」という意味の接続語。

2-3 家でサムギョプサルパーティをやります。

韓国語学校の先生が学生をパーティに誘っています。複数の人間に向けてのメールなので、それなりにかしこまった文体ですが、冷たい感じではありません。

제목 : 집에서 삼겹살 파티를 해요.

＜본 메일은 모두 BCC 로 보냅니다＞

한국어 중급반[1] 여러분
항상 열심히 한국어를 공부하고 계시는 여러분을 모시고[2] 본 고장의 한국 삼겹살을 선보일까 해서[3] 삼겹살 파티를 개최합니다.
일시[4]는 10월 20일(일) 오후 2시부터. 장소는 저희 집[5] 입니다.
비용은 무료. 단 술을 드시고 싶은 분들은 지참해 주시길 바랍니다.
그 대신 고기와 야채는 넘칠 만큼[6] 준비해 놓겠습니다! ^^
꼭 참석해 주세요! 참석하길 희망하는 분은 메일로 연락해 주세요.

박수진 드림

＜本メールはすべて BCC にてお送りしております＞
韓国語中級クラスの皆様
いつも韓国語の勉強を頑張っている皆さんをお招きして、本場韓国のサムギョプサルを召し上がっていただこうと思い、サムギョプサルパーティを開催します。
日時は10月20日（日）の午後二時から、場所は私の家です。
費用は無料。ただしお酒を召し上がる方はご持参でお願いします。
そのかわりお肉と野菜はたっぷり用意しておきます！ ^^
是非ご参加くださいね。参加希望の方は、メールにて連絡してください。

語句と表現

1 반：반[班]は「クラス」「組」です。クラスと外来語も使いますが、반のほうがより一般的です。「クラスメート」は반 친구となります。
2 모시고：「ご招待する」という謙譲語としては모시다を使います。
3 선보일까 해서：선보이다は「お披露目する、お目に掛ける」という意味です。ここでは本場のサムギョプサルを食べて貰うという意味で使っています。
4 일시、장소：일시［日時］、장소［場所］。때（とき）、곳（ところ）としてもかまいま

　　　 せん。
5　저희 집：一人暮らしでも내 집、제 집とするよりも、우리 집、저희 집が自然です。
6　넘칠 만큼：「溢れるほど」。넘칠 만큼は「食べ物や飲み物が大量にある」ことを言う場合によく使います。

📖 顔文字・ハングルを使った感情表現

　顔文字は韓国では이모티콘と呼ばれています。emotion と icon を組み合わせた造語です。絵文字を指すこともあります。

　韓国語のメールでも、親しい相手には顔文字をふつうに使います。日本の顔文字と同様のものがほとんどですが、日本では「(^^)」のようにカッコで顔の輪郭を表すことが多いのに比べて、韓国では「^^」のようにカッコを使わない形の顔文字も多いようです。また、ハングルの子音字を使った韓国オリジナルの顔文字もよく使われます。

　ほんの少しですが、例を挙げてみます。

【嬉しい】
　　^ㅁ^　　　^ㅁ^/♡　　(>ㅂ<)/♡
【悲しい】
　　ㅡ_ㅜ　　ㅜ.ㅜ　　(ㅜ_ㅜ)　　ㅠㅠ　　(ㅠ.ㅠ)　　ㅠ_ㅠ
　　;ㅁ;　　;ㅅ;　　ㅠㅅㅠ　　ㅜㅅㅜ
【驚き】
　　@ㅇ@　　ㅇㅁㅇ　　ㅇㅁㅇ;;　　ㅎㅂㅎ;;　　ㅎㅅㅎ;
【その他】
　　-ㅁ-?　　はてな？　　-ㅅ-　　うーん　　　　-_-ㅋ　　ぽりぽり
　　(ㅇ_ㅇ)　　ポカーン　　ㅇㅇ　　うん（肯定）　　ㅇㅋ　　オッケー
　　ㄷㄷ　　ぶるぶる（怖い、寒い）　　ㅎㅇㅇ　　ぶるぶる（ものすごく怖い）
　　ㅋㅋㅋ　　くすくす、www　　ㅎㅎㅎ　　ははは、ひひひ、ふふふ、www
　　ㅡㅡ;　　気持ち悪い　　　　ㅡㅡ+　　怒った
　　ㅇㅅㅇ　　ぽーっとしている　　ㅎㅅㅎ　　ちょっと笑っている

2-4 お招きありがとうございます。

✉3に対する学生の返信です。最低限の礼儀をわきまえつつ、親しみのこもった文体になっています。

제목 : 초대해 주셔서 감사합니다.

박수진 선생님

초대해 주셔서 감사합니다[1].
반드시[2] 참석하겠습니다[3].
일요일이지요? 월요일 수업의 테마는 '삼겹살 파티에 대한 감상' 으로 하시면 어때요? ^^
아, 선생님 댁 말인데요[4]. 주소밖에 모르는데요.
약도 같은 게 있을까요?

○○○ 드림

お招きありがとうございます。
ぜひとも参加させていただきます。
日曜日ですね。月曜日の授業のテーマは「サムギョプサルパーティの感想」になさるのはいかがでしょうか（笑）。
あ、先生のお宅なのですが、住所しかわかりません。
略図などありますでしょうか？

語句と表現

1 초대해 주셔서 감사합니다 :「○○ありがとうございます」は韓国語では「○○してくださってありがとうございます」のように表現します。具体的な行為を表す動詞を使ってⅢ주셔서とすると「～してくださって」となります。
2 반드시 :「かならず」。꼭（きっと、ぜひ）と置き換えることができます。
3 참석하겠습니다 :「参加いたします」。참석[参席]。참가[参加]という語は一般的ではありません。日本語のように「させていただく」という表現は韓国語にはありません。Ⅰ-겠-を使うことで控えめさと確固たる意思を表すことができます。
4 댁 말인데요 : 말인데요는「～のことなのですが」のように、前の語を特定する時に使います。

✉ 2-5 略図を添付ファイル／FAXで送ります。

3からの続きです。ファイルを添付する際の表現が参考になります。

제목 : 약도를 첨부 파일 / 팩스로 보냅니다.

수강생 여러분

저희 집까지의 약도를 <u>첨부 파일로 보냅니다</u>[1].
지하철 3호선 홍제역에서 5분 정도입니다. 우체국이 있는 모퉁이에서 왼쪽 골목으로 들어오시면 돼요.
혹시 잘 모르시겠으면 전화 주세요.
전화번호는 02-3291-7811 입니다.
<u>파일이 열리지 않는 경우에는</u>[2] 팩스로 <u>보내 드릴 테니</u>[3] 팩스 번호를 메일로 알려 주세요.

박수진 드림

受講生の皆様
私の家までの略図を添付ファイルで送ります。
地下鉄3号線の弘済駅から歩いて五分くらいです。郵便局のある角を左の路地のほうに入ってくださるとすぐです。
もしわからなかったら、電話してください。
電話番号は02-3291-7811です。
ファイルが開けない場合はFAXで送りますのでFAX番号をメールで知らせてください。

語句と表現 □

1 첨부 파일로 보냅니다 :「添付ファイルで（添付ファイルにて）送ります」の最も一般的な表現です。파일을 첨부해서 보냅니다（ファイルを添付して送ります）、파일을 첨부합니다（ファイルを添付します）としても良いでしょう。
2 파일이 열리지 않는 경우는 :「ファイルを開けない、開くことができない」は파일이 열리지 않다（ファイルが開かない）という表現になります。
3 보내 드릴 테니 :「これこれの場合はきっとこうする、こうなる」という話者の確信をこめた表現ではⅡ'-ㄹ 테니까を使います。

📧 2-6 参加できるけど先に帰らなければ…

　まず招待に対するお礼を述べてから、先に帰らなければならないことの許可を丁重に求めています。文体としては折り目正しい感じがします。

제목 : 참석은 할 수 있는데… 먼저 일어나야 해요.

박수진 선생님
파티에 초대해 주셔서 감사합니다.
그날은 저녁에 볼일이 있어서 도중에 가야 하는데, 참석해도 될까요?
먼저 일어나야 하는 게 섭섭하지만[1]…
대신 술을 잔뜩 가지고 가겠습니다.
○○○ 드림

パーティのお招きありがとうございます。
当日は夕方に用事があって中座しなければならないのですが、参加してもよろしいでしょうか。
先に帰らなければいけないのは残念なのですが…
かわりにお酒をたくさん持って行きます。

語句と表現　□

1　먼저 일어나야 하는 게 섭섭하지만：일어나다は「起きる、起き上がる」ですが、「席から立つ」という意味でも使います。ここでは「先に席を立たねばならない」ということで먼저 일어나야 하다としています。먼저 가야 하다とすることもできます。

✉ 2-7 | 残念ですが、その日は参加できなさそうです。

パーティに参加できないという返信です。あっさり断るのではなく、お礼とともに次の機会を待つというスタンダードな構成になっています。

제목 : 안타깝지만 그날은 참석 못할 것 같네요.

박수진 선생님

삼겹살 파티라니…멋지네요.
삼겹살을 보면 사족을 못 쓰는[1] 저로서는 모든 일을 제쳐두고 참석하고 싶은 심정이지만, 그날은 도저히 피할 수 없는 선약[2]이 있어서 정말 안타깝게도 참석할 수가 없습니다.
다음에 또 기회가 있다면 그 때는 이번에 먹지 못한 몫[3] 까지 먹을 수 있었으면 합니다.

○○○ 드림

サムギョプサルパーティ、素敵ですね。
サムギョプサルに目が無い私としては何をおいても参加したいところなのですが、その日はどうしてもはずせない先約があって、大変残念なことに参加できそうにありません。次の機会を待って、その時は今回食べられない分まで食べたいと思います。

語句と表現

1 사족을 못 쓰는 : 사족[四足]을 못 쓰다は「手足を使えない」ということから、「何かに没頭、耽溺して手がつけられない」という意味の諺です。日本語の「〜に目が無い」にあたります。ほかにも、무지무지 / 무진장 / 엄청 좋아하다 (すっごく、限界が無いくらい、とほうもなく好きだ) のように副詞で強調するのも良いでしょう。
2 피할 수 없는 선약 : 「はずせない先約」をここでは「避けることができない先約」としています。ほかに취소할 수 없는 선약(取り消しできない先約)などがあります。
3 몫 : 몫は「分け前、役割、与えられた役目」という意味です。「今回参加していたら食べることができたであろう自分の取り分の肉」という意味で使っています。

✉ 2-8 | 美味しい店ができたからご一緒しませんか？

鄭賢敏が仲の良い由美を食事に誘うメールです。時候の挨拶などはせずに、親しみをこめたやわらかいトーンで誘いかけています。

제목 : 맛있는 집이 생겼는데, 같이 가실래요?

유미 씨 안녕하세요?

제가 다니고 있는 학원¹ 근처에 맛있는 파스타 집이 생겼는데, 괜찮으시다면 같이 가지 않을래요?²
한번 먹어 봤는데, 다른 집보다 훨씬 맛있길래 유미 씨하고 가 봤으면 해서요³.
유미 씨가 있는 기숙사에서 버스로 20분 정도예요.

정현민 드림

由美さん、こんにちは。
僕が通っている予備校の近くに美味しいパスタの店ができたんですけど、よかったら一緒に行きませんか？
一度食べてみたら、よその店より格段に美味しかったから、由美さんと行けたらいいなと思って…。
由美さんのいる学生寮からだとバスで二十分くらいです。

語句と表現　□

1　학원：학원[学院]は、小学校・中学校・高校・大学・大学院を除く各種学校や塾などを指します。予備校や専門学校など幅広く使われます。
2　같이 가지 않을래요?：相手の意思を軽く問う話し言葉の語尾Ⅱ'-ㄹ래요? を使っています。否定Ⅰ-지 않다を組み合わせることで、よりやわらかい誘いかけになっています。안 갈래요? としても良いでしょう。尊敬Ⅱ'-시- を入れて가지 않으실래요? / 가시지 않을래요?、안 가실래요? なども考えられます。
3　가 봤으면 해서요：「行ってみたらいいと思って」。Ⅲ-ㅆ으면 하다(좋겠다)は願望の表現のひとつです。実現可能性があるかないかとは関係なく、また、無理かもしれない、無理だろうと思いつつも「こうなったらいい」と願いをこめる表現です。単に갔으면とせずに가 봤으면とするほうが「試しにやってみる」「経験してみる」

というニュアンスを出すことができます。ここでは하다를해서の形にして文を終わらせることで「〜と思って」のように含み持たせるとともに、誘った経緯を表しています。

📖 집과 가게
　「店」には大きく分けて집と가게の二つの呼び方があります。どちらも扱っている品目の後について、「〜屋、〜屋さん」のような、ごく軽い感じの表現になります。
　집は飲食店を指す場合に多く使われます。韓国の飲食店は一品ないしは数品のメニューを専門に扱う店が多く、その料理名に집をつけます。냉면 집（冷麺屋）、갈비 집（カルビ専門店）など。単独で집とすると飲食店を指すことになります。
　가게は、구두 가게（靴屋）、안경 가게（眼鏡屋）などのように、おもに物販店を指す場合に多く使われます。꽃 집・꽃 가게（花屋）のように二つの呼び方がある業種もあります。
　집、가게のいずれも前の語と分かち書きをするのが原則ですが、냉면집、꽃집のように、くっつけて表記する例も多く見られます。

2-9 結婚式にお招きいたします。

正式な結婚式への招待状ではなく、参加自由な披露パーティへの誘いかけです。崔恵美は大川由美のチューターなので、打ち解けたトーンの文体です。

제목 : 결혼식에 초대합니다.

오카와 유미 씨

안녕하세요? 실은 이번에 저희 언니가 결혼하게 됐어요.
결혼식장에서 피로연을 하는데, 언니가 제 친구도 불러도 된다고 하네요.
괜찮다면[1] 피로연에 오지 않을래요?
한국의 피로연은 누구나 편하게 참석할 수 있어서 좋은 경험이 될 거라고 생각해요.
전통적인 혼례 의상도 멋있고요.
일시는 3월 5일 (일) 오후 3시고요.
장소는 지하철 2호선 합정역 근처에 있는 청기와 예식장[2] 이에요.
그다지 격식 차린 예식[3] 이 아니니까 평소 복장[4] 으로 와도 괜찮아요.

최혜미 드림

こんにちは。じつは今度私のお姉さんが結婚することになりました。
結婚式場での披露宴ですけれど、お姉さんが友だちも呼んでいいよって言うので、よかったら披露宴に来ませんか?
韓国の披露宴は誰でも気軽に参加できるから、良い経験だと思いますよ。
伝統的な婚礼衣装もきれいですし。
日時は、3月5日 (日) 午後三時、場所は、地下鉄2号線の合井駅近くの青瓦 (チョンギワ) 結婚式場です。あまり格式張った式ではありませんから、普通の服装でだいじょうぶです。

語句と表現　☐

1 괜찮다면：相手に何かを頼んだり誘いかけたりする場合の前置きとして「もしよかったら、差し障りが無ければ、都合が悪くなければ」にあたる韓国語として괜찮다면を使います。単に괜찮으면とするより괜찮다고 하면が縮まった괜찮다면を使うことで「だめかもしれないけれど、もしも」のように押しつけがましさを緩和しています。
2 예식장：예식장［礼式場］は、主に結婚式で使われます。
3 격식 차린 예식：격식［格式］을 차리다は「格式を整える」という意味です。격식 차린 ○○とすると「格式張った○○、形式張った○○」となります。
4 평소 복장：평소 복장［平素服装］で「普段着、日常の服装」です。正装は정장［正装］です。

2-10 おめでとうございます！ 喜んで出席します。

✉9に対する返信です。パーティなどの会合に喜んで出席するという内容の標準的な構成のメールです。

제목 : 축하합니다! 기꺼이 참석하겠습니다.

최혜미 씨

축하합니다!
그리고 초대해 주셔서 감사해요. 기꺼이 참석하겠습니다[1].
한국 결혼식에는 한 번도 가 본 적이 없어서 꼭 보고 싶어요.
한국의 전통 혼례의상은 사진으로만 봤기 때문에 굉장히 기대돼요[2].

오카와 유미 드림

おめでとう！
そして、ご招待いただきありがとうございます。喜んで出席させていただきます。
韓国の結婚式は一度も見たことがないので、是非見てみたいです。
韓国の伝統婚礼衣装、写真で見たことがあるだけなのでとても楽しみです。

語句と表現　　□

1　기꺼이 참석하겠습니다 :「喜んで参加させていただきます」の最も一般的な表現。
2　기대돼요 : 기대 [期待]에 되다がついて「自ずから期待される」という表現で「楽しみだ」となります。「楽しみにしている、期待している」は기대하고 있다となります。

3
感謝の気持ちを伝える

相手に何かしてもらったらお礼のメールを書きましょう。「ありがとう」という言葉はとても大切ですが、韓国語は、どうしてありがたいのか、どれくらいありがたいのかを「ありがとう」という言葉に添えて使うことが多いのです。贈り物をしたり、もらったりするときも、ひとこと添えると気持ちが通じます。

📩 3-1 お土産をありがとう。

大川春江が金秀貞から贈られた韓国の味噌のお礼をしています。全体として堅苦しくない話し言葉に近い文体です。

제목 : 선물 고마워요!

김수정 씨

멋진 선물[1] 감사합니다.
뚜껑을 열어[2] 보고 깜짝 놀랐어요!
그렇지 않아도[3] 이런 전통 한국 된장[4]은 일본에서는 좀처럼 구할 수가 없어서 찾고 있었어요.
남편이 요즘 일본 된장보다 한국 된장이 맛이 깊다면서 내가 만들어 주는 국을 먹지를 않아요.
오늘은 이것으로 된장찌개를 만들어서 깜짝 놀래켜야겠어요[5].

오카와 하루에 드림

素敵なプレゼント、ありがとうございます。
封を開けてびっくり！
こういう伝統的な韓国のお味噌、日本ではなかなか手に入らなくて、探していました。
主人が最近、日本の味噌より韓国の味噌の方が味わい深いなんて言って、私が作るお味噌汁飲んでくれないんですよ。
今日はこれでテンジャンチゲを作って驚かせようと思います。

語句と表現

1 선물：선물［膳物］は「プレゼント、贈り物、贈答品一般」です。
2 뚜껑을 열다：「ふたを開ける」です。シールなどを剥がすのならば뜯다も使えます。
3 그렇지 않아도：「それでなくても」「ただでさえ」という接続表現です。
短い안 그래도も使えますが、いくぶんくだけた感じになります。
4 전통 한국 된장：日本の味噌とは発酵のさせ方が違い、独特の風味があります。伝統的な「味噌玉」はメジュと言います。
5 놀래켜야겠어요：놀라게 해야겠어요が縮まった話し言葉的な表現。このように縮めると「いたずら心で、茶目っ気たっぷりに相手を驚かせる」という感じがします。

✉ 3-2 喜んでもらえて嬉しいです。

✉1に対する金秀貞の返信です。年下に向けてのメールなので、丁寧さは保ちつつも、親しみをこめた文体になっています。

제목 : 좋아해 줘서 저도 기뻐요.

오카와 하루에 씨

좋아해 줘서 저도 기쁩니다[1]. 옛날에는 집에서 된장을 만들었었는데[2] 요즘에는 슈퍼마켓에서 사 먹고 있어요.
된장은 요전번에[3] 가족들과 전라도 쪽으로 여행갔을 때 산 거예요.
전부 손으로 직접 담근 거라고 해요. 아마도 슈퍼마켓에서 산 것과는 비교할 수 없는[4] 맛일 거예요.
사이좋게, 맛있게 드세요~

김수정 드림

喜んでもらえて嬉しいです。昔は家で味噌を作っていたんですけれど、最近はスーパーで買っています。
先日、家族で全羅道の方へ旅行した時に買ったものです。全て手作りなのだそうですよ。
たしかにスーパーで買うのとは一味違うかもしれません。
どうぞ美味しく、仲良く召し上がってくださいね。

語句と表現

1 좋아해 줘서 저도 기쁘다：좋아하다には「喜ぶ、嬉しがる」という意味もあります。ここでは기쁘다の反復を避けて、좋아하다を使っています。
2 만들었었다：過去-ㅆ-にさらに過去を重ねた表現は「今はそうではない、それ以前にはそうだった」という現在との断絶や過去完了を表します。
3 요전번에：「このあいだ。先日」。얼마 전にとすると、まだそれほど時間が経っていない感じがします。요전번에はそれよりもう少し前のこととなります。지난번에となると「いつだったかはともかく、以前に」となります。「つい何日か前」なら며칠 전にです。
4 비교할 수 없다：「比較することができない」という表現は、味だけではなく「まったく異なるものだ」「比べものにならない」という場合に広く使えます。

✉ 3-3 ソウルでは一日つきあってくださってありがとう。

　大川春江が、知り合いである李珠英に、一日つきあってくれたお礼をメールで伝えています。文体は해요体を主に使って、堅苦しくならないようにしています。

제목 : 서울에서는 하루 종일 같이 다녀 줘서 고맙습니다.

이주영 씨

주영 씨, 안녕하세요?
지난번에는 모처럼의 휴일인데 하루 종일 저와 같이 다녀줘서 고맙고, 미안해요.
<u>주영 씨 덕분에</u>[1] 즐거웠어요. 정말 고마워요.
다음에 만날 때는 (혹시 일본에서 <u>만나려나</u>?[2]) 제가 같이 <u>다녀</u>[3] <u>줄게요</u>[4].
<u>그럼, 다음에 만나요</u>[5].

오카와 드림

珠英さん、こんにちは。
先日はせっかくのお休みなのに私に一日つきあわせてしまってごめんなさいね。
珠英さんのおかげでとても楽しかったです。ありがとう。
今度お会いする時は（もしかしたら日本？）、私がおつきあいしますね。
ではまた。

語句と表現　□

1 주영 씨 덕분에 : 덕분 [德分] には、名詞＋덕분에の形か、連体形＋덕분에の形で使います。「珠英さんがつきあってくれたおかげで」なら주영 씨가 같이 돌아다녀 준 덕분에となります。

2 만나려나(요)？: Ⅱ-려나? は「はっきりしないが、もしかしたらそうでもあろうか」という漠然とした推測を表し、独り言などでよく使います。

3 같이 다녀 주다 : ここでは「つきあってくれる／あげる」を「一緒に行動してくれる／あげる」という意味で다녀 주다を使っています。「交際する」という意味なら교제하다、사귀다となります。

4 줄게요 : Ⅱ'-ㄹ게は「～するからね」のように自分の意思を約束風に宣言して相手

に伝える話し言葉です。相手が目上の場合ならば、드리다を使って드릴게요となります。

5 다음에 만나요：ここでは「また次の機会に会いましょう」という意味で다음에 만나요としています。또 만나요, 다음에 또 만나요としても良いでしょう。「またメールします」という意味ならば、만나요の代わりに、메일 쓸게요, 메일 보낼게요とすると良いでしょう。

📖 주어? 줘?

　母音語幹の動詞や形容詞で、아か어がついた形は何らかの圧縮があります。가다ならば가아 → 가、오다ならば오아 → 와のように縮まります。これらは普通、圧縮後の形でしか表記しませんが、圧縮前と圧縮後の両方の形で表記される語もあります。주다は、주어・줘のどちらの形でも書かれます。보다の보아 / 봐、되다の되어 / 돼も同様です。一般的に、圧縮前の形は書き言葉的、圧縮後の形は話し言葉的な感じがします。親しげに語りかけるようなトーンのメールでは、圧縮後の形を使うことが多いようです。

3-4 こちらこそ楽しい一日でした。

3に対する李珠英の返信です。自分も楽しかったことを伝えて相手を思いやっています。

제목: 저야말로 즐거운 하루였습니다.

오카와 하루에 씨

별말씀을요¹, 저야말로² 정말 즐거운 하루였어요.
하루에 씨의 한국어는 만날 때마다 날로 좋아져서 열심히 한국어 공부를 하고 계시는구나 생각했어요.
저도 하루에 씨에게 지지 않도록 일본어 공부 열심히 하겠습니다 ^^
그럼, 서울에서든 일본에서든³ 또 만나요.

이주영 드림

そんな、こちらこそとても楽しい一日でした。
春江さんの韓国語、お会いするたびに上手になられるから、一生懸命韓国語を勉強なさってらっしゃるんだなと思いました。
私も春江さんに負けないよう日本語の勉強を頑張ります。
ではまた、ソウルか日本でお会いしましょう。

語句と表現

1 별말씀을요：별[別]は「特別な、格段の」という通常の程度を超えることを表す接頭辞です。「お言葉」にあたる말씀につけて「そんな特別なお言葉」という表現で相手の言葉を打ち消すことで謙遜しています。
2 저야말로：야말로は「ほかでもない～こそ」のように物事を限定する助詞です。子音終わりの名詞には이야말로がつきます。말로を省略して(이)야だけでも使えます。
3 서울에서든 일본에서든：든は名詞につくと「～であろうが、～かどちらか」のようにどちらであれかまわないこと、どちらかを選択することを表す助詞として使います。ほかの助詞との組み合わせが可能です。ここでは「ソウルであっても日本であっても」「ソウルか日本のいずれかで」の含みで使われています。

3-5 | ツアーの際にはお世話になりました。

大川春江がツアーガイドだった李珠英に感想とともにお礼の気持ちを伝えています。相手が自分よりも少し年下ということで、いくぶんフランクなトーンの文になっています。

제목: 투어 때는 많은 신세를 졌습니다.

이주영 씨

기억하고 계시나요?[1]
얼마 전에 '제트 투어'에서 신세를 졌던[2] 오카와 하루에라고 합니다.
한국에는 몇 번이나 여행을 한 적이 있지만, 투어에는 처음 참가한 거였어요.
매우 친절하게 안내해 주셔서, 그리고 이주영 씨의 성품이 인상에 남아서 갑자기 메일을 보내게 됐습니다.
주영 씨가 안내해 주시는 투어에 또 참가하고 싶네요.
경복궁에서 모두 함께 찍은 사진을 첨부해 보냅니다.[3]

오카와 하루에 드림

覚えていらっしゃるでしょうか?
先日「ジェットツアー」でお世話になった大川春江と申します。
韓国には何度も旅行したことはありますが、ツアーに参加するのは初めてでした。
とても親切にしてくださって、そして珠英さんの人柄が印象に残ったので、突然ですがメールを差し上げます。
また珠英さんが案内してくださるツアーに参加したいです。
景福宮でみんなで撮った写真を添付しますね。

語句と表現

1 기억하고 계시나요?:「覚えている、記憶している」は기억하다です。本文のようにⅠ-고 있다(계시다)を使っても、単に기억하세요?のようにしてもかまいません。Ⅰ'-나? は明確に答えを要求すると言うよりは控えめに問いかける感じがします。
2 신세를 지다:相手が自分に対してよくしてくれたことを表します。逆に自分が相

手に迷惑を掛けた場合は 폐를 끼치다を使いますが、どちらも感謝の意を伝える際の表現としてよく使われます。

3 첨부해 보냅니다 : 첨부[添付]。単に첨부합니다でもかまいません。「添付ファイルをお送りします」ならば、첨부 파일을 보내 드립니다となります。

3-6 またいらっしゃってください。

✉5に対する李珠英の返信です。ツアーの参加者への返事ということで、文末では主に합니다体を使っています。해요体を適宜入れると一般的にやわらかいトーンになります。

제목 : 또 오세요.

오카와 하루에 씨

배려 깊은¹ 메일 감사합니다.
외국에서 오시는 손님께서 한국의 좋은 것, 즐거운 것을 많이 보고 느끼신다면 그것보다 행복한 일은 없습니다².
한국에는 멋진 곳이 아직도 많이 있습니다. 앞으로도 한국에 자주 놀러 오시기 바래요³.
또 만나 뵐⁴ 수 있는 날을 기대하고 있겠습니다.

이주영 드림

ご丁寧なメールありがとうございます。
外国からいらっしゃるお客様が韓国の良いところ、楽しいところをたくさん見て感じていただけるのが何よりも嬉しいです。
韓国にはまだまだ素敵な場所がたくさんあります。これからもどうぞ韓国にたくさん遊びにいらしてください。
またお会いできる日を心待ちにしております。

語句と表現

1 배려 깊다 :「[配慮]が深い」は「思いやりが溢れている」という意味合いで使います。
2 그것보다 행복한 일은 없다 : 語調としては「それに勝る喜びはございません」に近い表現です。
3 놀러 오시기 바래요 : I-기 바라다는、話し言葉では I-기 바래요のように母音が変わるのが普通です。
4 만나 뵈다 :「お会いする、お目にかかる」という謙譲表現です。만나 뵙다という形もあります。顧客に向けてのアナウンスでもよく使われます。

3-7 プレゼントを送りましたが、気に入ってくださるといいのですが。

大川誠が韓国での短期語学留学でお世話になった先生にお礼の言葉とともに、贈り物をしたことを知らせるメールです。

제목 : 선물을 보냈는데, 마음에 드실지 모르겠네요.

박수진 선생님

안녕하세요. 잘 지내시나요?[1]
지난번에 한국어 클래스에서 공부했던 오카와 마코토입니다.
무척 즐거웠고, 몰랐던 사실을 깨닫게 되어 그야말로 새로운 세상에 눈뜬 듯한[2] 수업을 받은 것 같습니다[3]. 진심으로 감사합니다.
정말 보잘것없는 것이지만 감사의 표시로 일본의 전통 종이[4]로 만든 북 커버를 보냅니다.
부디 잘 사용해 주세요[5].
선생님의 건강과 앞으로의 풍성한 활동을 기원합니다[6].

오카와 마코토 드림

こんにちは。お元気でいらっしゃいますでしょうか？
先日の韓国語クラスで勉強しておりました大川誠と申します。
とても楽しく、かつ、まさに目からウロコが落ちる授業を受けさせていただき感謝しております。たいへんつまらないものではございますが、感謝の気持ちとして日本の和紙で作ったブックカバーをお送りさせていただきました。
どうぞご笑納ください。
先生のご健康と今後のより一層のご活躍をお祈りいたします。

語句と表現

1 잘 지내시나요? : I- 나 (요)？は話し言葉で使われる疑問形の語尾です。イエスかノーかのどちらかを求めるというよりは、穏やかに問いかける感じになります。잘 지내십니까？よりもやわらかい感じがします。

2 새로운 세상에 눈뜬 듯하다 :「目からウロコが落ちるようだ」という慣用表現は韓国語にありません。ここでは「新しい世界に目が開いたようだ」としています。「開

眼する」ならば개안하다です。
3 받은 것 같다 :「させていただく」という謙譲表現は韓国語にはありません。ここでは連体形＋것 같다を使って婉曲に述べることで謙虚な感じを出しています。
4 일본의 전통 종이 : 和紙をそのまま韓国語読みして화지としても通じません。和紙にあたる紙として、伝統的な製法で漉いた紙を韓国では한지［韓紙］と言います。
5 부디 잘 사용해 주세요 :「どうぞお使いください」。「ご笑納」という日本語特有の表現をそのまま韓国語に移しても通じません。このほかに잘 써 주세요なども使えます。
6 건강과 앞으로의 풍성한 활동을 기원합니다 : 定型文のひとつです。「健康と今後の旺盛な活動をお祈りいたします」。풍성［豊盛］한（豊かな、旺盛な）の部分을 알찬（充実した）としても良いでしょう。

✉3-8 このようなお気遣いをいただいてありがとうございます。

✉7に対する返信です。先生から受講生へのメールなので、かしこまり過ぎないように、感謝の言葉も해요体になっています。

제목 : 이렇게 신경 써 주셔서 감사드립니다.

오카와 마코토 씨

멋진¹ 선물, 고마웠습니다². 마음 써 주셔서³ 감사드려요.
정말 예쁜 북 커버네요. 소중하게 잘 쓰겠습니다⁴.
앞으로도 오카와 씨처럼 한국어를 배우시는 분들을 위해 최선을 다 하겠습니다.
오카와 씨도 아무쪼록 즐겁게 한국어 공부를 하시기 바래요.
한국에 오실 때는 연락 주세요.
감사합니다⁵.

박수진 드림

素敵なプレゼント、ありがとうございます。お気遣い、感謝いたします。
とても綺麗なブックカバーですね。大事に使わせていただきます。
これからも大川さんのように韓国語を学ぶ方たちのために、精一杯努力して参りたいと思います。
大川さんもどうぞ楽しく韓国語を勉強してください。
韓国にお越しの際はご連絡ください。
ありがとうございました。

語句と表現

1 멋지다 : ほかに근사[近似]하다も使えます。
2 고마웠습니다 :「ありがとうございました」。고맙습니다としてもかまいません。
3 마음을 쓰다 :「気を遣う、配慮する」は件名のように신경[神経]을 쓰다としても良いでしょう。
4 잘 쓰겠습니다 :「させていただく」という謙譲表現は韓国語にはないのでⅠ-겠-を使って表すことがあります。잘 쓰겠습니다は実用品などをもらった場合に広く

66

使える表現です。
5 감사합니다：メールの最後につける定型句としての「ありがとうございました」は감사합니다でかまいません。

📖 先生へのお礼

　短期の語学留学などでお世話になった先生に、クラス一同でプレゼントをすることもあります。クラスメートが少しずつお金を出し合って先生にお礼の気持ちを伝えるので、あまり高価な品物ではなく、ハンカチや傘など、日常の生活で気軽に使える品物を贈ることが多いようです。デパートの商品券やワイシャツなどの仕立券を贈るケースもあります。プレゼントを買いに行くときは韓国語の練習にもなりますから、先生へのお礼もできて一石二鳥ですね？

📧 3-9 お元気ですか。ささやかなものをお送りしました。

大川春江が金秀貞に送るメールです。夫の知り合いの奥さんで、自分より年上の女性に宛ててのメールなので、多少かしこまった文体になっています。

제목 : 건강하신지요. 작은 선물을 하나 보냅니다.

김수정 씨

수정 씨를 비롯해 가족분들 모두 잘 지내고 계신지요?[1]
며칠 전 가족 여행으로 구사쓰라는 곳에 다녀왔습니다.
오랜만에 같이 간 가족 여행은 너무 너무 즐거웠습니다.
구사쓰는 일본에서 유명한 온천 관광지 중 하나로 겨울에는 스키도 탈 수 있습니다.
기념품 가게에서 '유노하나' 라는 걸 팔고 있었습니다. 그건 온천 성분이 들어 있는 입욕제예요.
정말 별 것 아니지만[2] 보내려고 합니다[3].
한국 집에서는 욕조를 별로 사용하지 않는다고 들었습디다만, 한번 시험 삼아[4] 써 보시기 바랍니다.
몸이 따뜻해 져서 기분이 아주 좋아진답니다[5].

오카와 하루에 드림

秀貞さんはじめ、ご家族の皆様はいかがお過ごしでしょうか。
先日、家族旅行で草津というところに行って参りました。
久しぶりの家族全員での旅行はとても楽しいものでした。
草津は日本では有名な温泉観光地のひとつで、冬はスキーもできます。
お土産物屋さんで、「湯の花」というものを売っていました。温泉の成分が入っている入浴剤です。
たいへんささやかなものではありますが、お送りいたします。
韓国では家ではあまり湯船につかることはないそうですが、一度お試しになってください。ほんのり温まってとても気持ちが良いですよ。

語句と表現

1 잘 지내고 계신지요?：単に계십니까?とするよりもやわらかい感じです。動詞と存在詞にはⅠ'-는지요?、その他の品詞にはⅡ-ㄴ지요?を使うとやわらかい問いかけのニュアンスになります。계시다にはふつうⅠ'-는지요?がつきます。
2 별 것 아니다：「特別なものではない」という意味です。件名のように작다も使えます。ほかに마음뿐인 선물（気持ちばかりの贈り物）という表現もあります。
3 보내려고 합니다：控えめな感じを出すために、ここでは意図を表すⅡ-려고 하다を使っています。
4 시험 삼아：「試しに、試験的に」。
5 좋아진답니다：한다체＋ㅂ니다は間接話法の形ですが、ここでは引用の意味はありません。相手に対して説明する、言い聞かせる感じを出す場合によく使われます。

✉ 3-10 お歳暮（お中元）ありがとうございます。

　金秀貞にもらった贈り物のお礼を大川誠がしています。友人の奥さんへのメールなので、礼儀を保ちつつ、親しみをこめたメールになっています。

제목: 오세보 (오추겐) 감사합니다.

김수정 씨

항상 많은 신세를 지고 있습니다.
지난번에는 멋진 선물을 보내주셔서 진심으로 감사 드립니다.
제게는 과분할 정도의 근사한 오세보[1] 선물이었어요.
가족들과 감사히 잘 마시겠습니다.
그런데, 제가 한국의 전통차를 좋아하는 걸 어떻게 아셨어요? ^^

오카와 마코토 드림

いつもお世話になっております。
先日は結構なものをお送りくださいましてまことにありがとうございます。
私には過分なほど素敵なお歳暮で、家族ともどもありがたく飲ませていただきます。
ところで、どうして私が韓国の伝統茶が好きだということがわかったのでしょうか？

語句と表現

1 오세보：「お歳暮」「お中元」という習慣は韓国にはありません。ここではそのままハングルで表記していますが、日本語を理解できる韓国人にしか通じません。お歳暮ならば연말 선물[年末膳物]という言い方はありますが、ふつうは単に선물でかまいません。

4
詫びる

ミスはどうしても避けることができませんから、お詫び、謝罪も大切です。相手の立場に立って、申し訳ないという自分の気持ちをメールで伝える文体としては、해요体より합니다体を使うのが無難です。この章では、ちょっとしたミスから大きな失言の謝罪まで、いろいろな「お詫び」のメールと、それに対する返信のメールを見てみます。

✉ 4-1 仕事が忙しくて返事が遅くなりました。

相手からメールをもらったのに返信が遅くなったことを詫びる標準的なメールです。

제목 : 일이 바빠서 답장이 늦었습니다.

오카와 하루에 씨

이주영입니다.
모처럼 메일을 보내 주셨는데 답장이 늦어져서 정말 죄송합니다[1].
최근 일주일은 일이 쌓여 있어서 답장을 드리는 게 늦어지고 말았습니다[2].
물어 보신 다음달의 제 스케줄입니다만, 다음달 중순이 지나야 시간이 날 것 같습니다.
구체적인 것은 다음에 다시 알려 드리도록 하겠습니다[3].

이주영 드림

李珠英です。
せっかくメールをいただいたのにお返事が遅くなってしまい申し訳ございません。
ここ一週間ほど仕事が立て込んで、お返事を差し上げるのがついつい遅くなってしまいました。
お問い合わせいただいた来月の私のスケジュールの件ですが、来月の半ば過ぎならば時間が取れそうです。詳しいことはまたあらためてこちらからご連絡差し上げるようにいたします。

語句と表現　□

1　정말 죄송합니다：お詫びや謝罪の言葉として最もよく使われるのは、この죄송[罪悚]하다と미안[未安]하다です。죄송하다のほうがかしこまった感じがします。합니다体の죄송합니다、미안합니다は折り目正しく、해요体の죄송해요、미안해요は親しい相手への謝罪などに使われます。「ごめん！」というように軽く謝る時は미안해または미안！と短くなります。ほかにも사과[謝過]하겠습니다（お詫びいたします）、사과의 말씀을 드리겠습니다（お詫び申し上げます）、실례[失礼]했습니다（失礼いたしました）などがありますが、これらは公式的な謝罪などで多く用いられま

72

す。
2 늦어지고 말았습니다 : 「経緯はともかく結局そうなってしまった」という場合はⅠ-고 말았다を使います。「最後まで、一つ残らず、完全にしてしまった」という場合はⅢ 버렸다となります。「(一口だけであっても)食べてしまった。口をつけてしまった」なら먹고 말았다となります。「(全部) 食べてしまった」は、먹어 버렸다です。
3 알려 드리도록 하겠습니다 : Ⅰ- 도록 하겠습니다を使うと単に自分の意思を述べるだけでなく「するようにいたします」のような丁寧さを表すことができます。

4-2 ファイルを添付するのを忘れました。

　ファイルを添付し忘れることはしばしばあります。添付忘れのお詫びとともに、あらためて添付ファイルを送る内容の標準的な表現が使われています。

제목 : 파일을 첨부하는 것을 깜박했습니다[1].

오카와 유미 씨

좀 전에 보낸 메일에 약속 장소의 약도를 첨부하는 걸 잊어버렸네요.
다시 첨부할 테니[2] 확인해 주시기 바랍니다[3].
파일 사이즈가 커서 열리지 않는 경우에는[4] 연락 주세요.

정현민 드림

さっきのメールに待ち合わせ場所の略図を添付するのを忘れてしまいました。
あらためて添付しますので、よろしくお願いします。
サイズが大きくて開けない場合は連絡してください。

語句と表現

1 깜박했습니다 :「うっかりしました」。잊어버렸습니다（忘れてしまいました）としても同じ意味になります。

2 첨부할 테니 :「添付するので」。Ⅱ'-ㄹ 테니까は「こうなるはずだから、こうするはずだから」のように話し手の中で、必ずそうするつもりだという強い確信や意思がある場合の表現です。書き言葉ではⅡ'-니のように까が落ちます。

3 확인해 주시기 바랍니다 :「確認してくださるようお願いいたします」。Ⅰ-기 바라다は、おもにかしこまった状況で使われる相手への要求の表現です。この例のようにⅢ 주다（〜してくれる）と尊敬の시を組み合わせて、Ⅲ 주시기 바랍니다とすると丁寧でへりくだった形で要求を伝えることができます。확인 좀 부탁합니다（確認をお願いします）のように簡単な表現もあります。

4 열리지 않는 경우에는 :「開けない場合は」。メール自体が開けない場合は수신이 안 되다（受信できない）と言います。

4-3 明日の約束をキャンセルさせてください。

　自分の都合で約束をキャンセルする場合は、まず謝るのが重要です。冒頭で謝罪し、最後は次の機会には必ず約束を果たしたいという気持ちを伝えます。

제목: 내일 약속 취소해야 될 것 같아요.[1]

정현민 씨

현민 씨, 정말 죄송합니다만 내일 약속을 못 지킬 것 같습니다.[2]
내일, 갑자기 동아리 모임이 있다는데 아무래도 참석하지 않으면 안 될 것 같아요.
모처럼 약도까지 보내 주셨는데 정말 정말[3] 죄송합니다.
다음에 꼭 같이 가요.

오카와 유미 드림

賢敏さん、大変申し訳ないのですが、明日の約束をキャンセルさせてください。
明日、急にサークルの集まりがあるそうで、どうしても参加しないといけなさそうなのです。
せっかく略図まで送ってくださったのに、本当にすみません。
次は絶対一緒に行きましょうね。

語句と表現

1　취소해야 될 것 같아요?：日本語では「させてください、させていただく」のように、相手への敬意を表すために使役表現を使うことがありますが、韓国語の使役表現には敬意の意味は含まれません。ここではあえて「させる」という使役表現Ⅰ-게 하다を使わずに「キャンセルしなければならなさそうです」という表現で、やむを得ない事情なのだということを相手に伝えて許しを乞うています。취소[取消]해도 될까요?(キャンセルしてもいいでしょうか)としても良いでしょう。

2　약속을 못 지킬 것 같습니다：件名と同じ文でもかまいませんが、「약속을 まもれなさそうです」のように言い換えることで重複を避けています。

3　정말 정말：反復させる必要は必ずしもありませんが、日本語と同様に「本当に、本当にすみません」のような反復は韓国語でもよくあります。くだけたシチュエーションならば 정말×2 のような表記もします。

📧 4-4 了解しました。それではまた次の機会に。

📧3に対する返信です。相手を責めないで、やわらかい口調で次回の予定の確認をしています。

제목 : 알겠습니다. 그럼 다음 기회에 뵙죠.

오카와 유미 씨

그러세요? 아쉽지만¹ 어쩔 수 없네요.
저는 언제든지 괜찮으니까 다음²에 만나도록 하죠.
또 연락 주세요. 유미 씨는 무슨 요일에 시간이 돼요?

정현민 드림

そうですか。残念ですけど、しかたないですね。
僕のほうはいつでも大丈夫なので、また今度にしましょう。
また連絡ください。由美さんは、何曜日が時間が空いてますか?

語句と表現

1 아쉽지만 :「そうならなくて残念だ」は아쉽다となります。유감[遺憾]스럽다という語もありますが、「まことに遺憾でございます」のように堅苦しい表現です。
2 다음 :「この次、次の機会」ならば다음、「今回の、このたび」ならば이번と使い分けます。

4-5 都合が悪いので日程を変更していただけますか。

　約束のキャンセルを詫びつつ、他の日に変更することを提案することで相手の気持ちをやわらげてみます。

제목 : 사정이 좀 생겼는데[1] 일정을 변경해도 될까요?

오카와 유미 씨

유미 씨, 안녕하세요?
얼마 전에[2] 약속한 동대문시장 쇼핑 말인데요[3]. 그날 세미나에서 발표가 있는 것을 깜빡 잊고 있었지 뭐예요[4]. 미안해요. 그날 쇼핑은 못 갈 것 같아요.
정말 죄송하지만 다른 날은 안 될까요?
정말 정말 죄송합니다 ;;

최혜미 드림

由美さん、こんにちは。
このあいだ約束した東大門市場のショッピングのことなのですが、その日はゼミで発表があるのをうっかり忘れていたんです。ごめんなさい。その日はショッピング、行けなさそうです。
本当に申し訳ないのですが、他の日はだめですか？
本当にごめんなさい (;;)

語句と表現

1 사정이 좀 생겼는데 :「事情ができたのですが」。「都合が悪い」は 사정 [事情] 이 있다 / 생겼다 (事情がある / できた) のような表現となります。
2 얼마 전에 :「正確にいつかは覚えていないけれどいくらか前に」という場合の表現です。
3 동대문시장 쇼핑 말인데요 : 말이다는名詞や文節の後につけて「他のことではなく、まさにそのことだ」と限定する表現です。
4 잊고 있었지 뭐예요 : I-지 뭐예요 は「あきれてものも言えない、諦め、拗ね、甘え」などを表す話し言葉の文末表現です。

4-6 いつがよろしいですか。

✉ 5に対する返信。相手を責めないで、具体的な日程を決めようとすることで良好な関係を維持しようとしています。相手の都合を聞くことで再度のキャンセルを防いでいます。

제목: 언제가 좋으세요?

최혜미 씨

일부러 연락 주셔서 감사합니다. 세미나 발표 열심히 하세요~
그건 그렇고 날짜 말인데요, 언제가 좋으세요?
혜미 씨가 가능한 날¹을 가르쳐 주세요.
저는 수요일 저녁이나 일요일이라면 언제든지 괜찮아요.

오카와 유미 드림

わざわざご連絡ありがとうございます。ゼミの発表、頑張ってください〜。
ところで日にちですけど、いつがいいでしょうか？
恵美さんの都合がいい日を教えてください。
私は水曜日の夕方か、日曜日ならいつでも大丈夫です。

語句と表現

1 가능한 날：「スケジュールや事情などの折り合い」という意味での「都合」という日本語に一対一で対応する韓国語は無いために、ここでは「可能な日」という表現を使っています。
「都合をつける」であれば、시간을 내다 (時間を割く)、「都合が悪い」のであれば、사정이 있어서 안 되다 (事情があってだめだ) や사정이 생겼다 (事情ができた) とすると良いでしょう。

📩 4-7 | 昨日は失礼なことを申し上げました。

　かなり重大な失言をした場合の謝罪のメールです。해요体はいっさい使わず、かしこまった합니다体で、心から申し訳なく思っているという態度を示しています。

제목 : 어제는 실례의 말씀을 드려 죄송합니다.

오카와 마코토입니다.
어제는 모처럼 댁에 초대해 주셨음에도 불구하고[1] 말도 안 되는 실례의 말씀을 드려[2] 정말 죄송합니다.
제 한국어가 서투른 것은 물론이고, 한국 사람을 나쁘게 이야기할 마음은 털끝만큼도 없었습니다. 다만 관용을 베풀어 주시는 태준 씨에게 엄살을 부렸던[3] 것이었어요.
'입은 화의 근원'이라더니[4] 정말 그렇습니다.
앞으로는 거듭 조심해야겠다고 생각하면서, 반성도 했습니다.
염치없습니다만[5] 앞으로도 변함없는 후의를 가지고 만남을 지속할 수 있다면 좋겠습니다.
다시 한번 사과의 말씀을 드립니다. 진심으로 죄송합니다.

오카와 마코토 드림

大川誠です。
昨日はせっかくお宅にお招きいただいたにもかかわらず、大変失礼なことを申し上げてしまい、まことに申し訳ございません。
私の韓国語がつたなかったことはもちろんですが、韓国の人のことを悪く言うつもりは毛頭ございませんでした。ただ、泰俊様のご寛容さについ甘えてしまってのことでした。
「口は災いの元」とはまさにこのことです。
今後は重々気をつけたく思い、反省もしております。
あつかましいとは思いますが、これからもどうか変わらぬご厚誼をもってお付き合いしていただければと思っております。
あらためてお詫びいたします。申し訳ございませんでした。

語句と表現　ㅁ

1 초대해 주셨음에도 불구하고 : Ⅱ-ㅁ에도 불구하고で「～にもかかわらず」となります。Ⅱ-ㅁ에도の部分はⅠ-는데도と置き換えることもできます。
2 말도 안 되는 실례의 말씀을 드려 :「話にならない、失礼にあたることを申し上げ」。말도 안 되다は「話にならない、論ずるに足りない」という慣用的表現です。실례되다は실례가 되다の助詞가が省略されたもので、「失礼にあたる」です。말씀は尊敬語としての「お言葉」であるとともに、謙譲語としても使われます。
3 엄살을 부렸던 :「甘えてしまっていた」。同じ「甘える」でも、相手の寛容さに過度に甘える、馴れ馴れしくし過ぎるという意味ならば엄살을 부리다、子供が甘える、駄々をこねるならば응석을 부리다となります。
4 '입은 화의 근원'이라더니 :「입은 화의 근원　口は災いの元」。-이라더니は-이라고 하더니が縮まったもので、「～ということだったのを今更ながらに思い出して」という意味です。
5 염치없습니다만 :「あつかましい、悪びれない」は염치[廉恥]없다となります。

4-8 滞在中はご迷惑をおかけしました。

✉7で大川誠が鄭泰俊に直接謝罪のメールを送ったことに付随して、妻の春江が、泰俊の妻の秀貞に送ったメールです。夫の無礼をあらためて詫びていますが、二人の間には問題が無いので、大川誠が送ったメールよりはいくぶん穏やかでやわらかい文体になっています。

제목: 체류 중에는 폐를 많이 끼쳤습니다.

김수정 씨

한국에 방문했을 때는 여러 가지로 폐를 끼쳤습니다. 가족 셋을 자택에서 3일이나 묵게 해 주시고[1], 게다가 여러 곳에 데려가 주셔서 무척 피곤하셨을 거라 생각합니다[2].
덕분에 정말 즐겁고 유익한 시간을 보낼 수 있었습니다.
그리고 남편이 어이없는[3] 이야기를 하는 바람에[4] 불쾌하셨으리라 생각합니다[5].
저도 사과의 말씀을 드립니다. 태준 씨에게도 부디 잘 전해 주시기 바래요.
기회가 된다면[6] 다음에는 저희 집에도 꼭 오세요.
가족 모두 건강하시길 빕니다.

오카와 하루에 드림

韓国に訪問した折りにはいろいろとご迷惑をおかけしました。家族三人でご自宅に三日間も泊めていただき、そのうえいろいろな所へも連れて行ってくださって、大変なお手間だったと存じます。
おかげさまで本当に楽しく有意義な時間を過ごすことができました。
また、夫がつまらぬことを申し上げましてご不快だったかと思います。
私からもお詫びいたします。泰俊様にもくれぐれもよろしくお伝えください。
機会がありましたら次は是非とも私どもの家にいらっしゃってください。
ご家族皆様のご健康をお祈りいたします。

| 語句と表現 | □ |

1 묵게 해 주시고 : 「泊まらせてくださり」。I - 게 하다는 「させる、~くする、~ようにする」という使役表現です。「~させてくださる」はこの例のようにI - 게 해 주시다が使えます。

2 피곤하셨을 거라 생각합니다 : いくぶんかための書き言葉としての「だろうと思う」はⅡ' - ㄹ 거라고 생각하다、Ⅱ - 리라 생각하다を使います。この생각하다は짐작하다と置き換えることができます。また、単に피곤하셨지요? としても良いでしょう。

3 어이없는 : 어이없다は「あきれてものも言えない」という意味です。황당[荒唐]하다とすると「突拍子もない、でたらめな」という意味になります。

4 이야기를 하는 바람에 : I' - 는 바람에は「~するはずみで、その拍子に」という予期しない、望ましくない結果がもたらされてしまう場合の原因を表す表現です。

5 불쾌하셨으리라 생각합니다 : 불쾌[不快]하셨을 거라고 생각합니다と置き換えることができます。この생각하다も짐작하다とすることができます。また、불쾌하셨지요? あるいは불쾌하지는 않으셨는지요? としても良いでしょう。

6 기회가 된다면 : 기회가 있다は単に「機会がある」というだけで、このメールのように再び会いたいという気持ちが伝わりません。되다には「物事があるべき(望ましい)状態になる」という意味があるので、기회가 된다면は「(お会いできる)機会がもし得られるのであれば」という含みを持っています。

5

依頼する・
相談する

相手に何かを依頼する場合、ストレートに「してください」では、こちらの要求は伝わっても、ややもすると自分勝手な感じを与えかねないこともあります。この章では、相手の都合も考えて、頼みたい内容を伝えるメールと、頼まれた側からの返信のメールを見てみます。

5-1 明洞劇場に予約をしてもらえますか？

大川春江が知り合いの李珠英にチケットの予約を依頼しています。公演などのチケット予約に関する決まった表現が使われています。

제목 : 명동극장에 예약 좀 해 주시겠어요?

이주영 씨

이주영 씨, 안녕하세요?
명동극장에서 공연하는 '난타'를 다음달 20일에 관람하고 싶은데 예약 좀 부탁해도 될까요?[1]
일본에서도 예약할 수는 있는 것 같은데 좀처럼 자리를 잡기가 어렵네요.
저녁 7시 공연, S석으로 4장 (가능하다면 같은 줄의 자리[2] 로)만 예약해 주세요.
번거로운 부탁[3]을 드려 죄송합니다.

오카와 하루에 드림

珠英さん、こんにちは。
明洞劇場でやっている「ナンタ」を来月の20日に観たいのですが、予約をお願いできますか？
日本からも予約できるようですが、なかなか上手く席が取れないのです。
夕方七時の公演で、席はS席で四人分（できれば並びの席で）お願いします。
お手数ですがよろしくお願いします。

語句と表現

1 부탁해도 될까요? : このように「お願いしてもいいでしょうか？」と尋ねる形で依頼すると控えめな感じがして好感が持てます。ほかにⅡ'-ㄹ 수 있어요? を使うこともできます。
2 같은 줄의 자리 :「並びの席」。줄は「列、線」という意味なので같은 줄의 자리で「同じ列の席」となります。자리のかわりに좌석 [座席] としても良いでしょう。
3 번거로운 부탁 : 번거롭다は「面倒だ、煩わしい」。ここでは「手間のかかるお願いをして申し訳ありません」という表現でお願いしています。

✉ 5-2 雑誌(CD・教科書)を買って送ってくれますか?

韓国の通販サイトなどでは住民登録番号の入力を求められる場合があります。韓国に住んでいる知り合いに購入を依頼する場合の参考にしてください。

제목: 잡지(CD・교과서)를 사서 보내 주실 수 있을까요?

정태준 씨

안녕하세요. 오카와입니다.
매번 염치없는 부탁을 드려 죄송합니다만, 한국 잡지를 한 권 보내 주실 수 있을까요?[1]
인터넷에서 구입하려고 했는데 주민등록번호[2]를 입력하지 않으면 회원 등록이 안 되더라고요[3].
잡지명은 [창작과 비평]이고, 올해 여름호를 부탁드립니다.
책값과 배송료는 제가 이번에 한국에 갈 때 지불토록 하겠습니다[4].
항상 죄송합니다.

오카와 마코토 드림

こんにちは。大川です。
毎度あつかましいお願いで恐縮ですが、韓国の雑誌を一冊送ってくださいますでしょうか。
インターネットで購入しようとしたところ、住民登録番号の入力を求められて会員登録ができなかったのです。
雑誌名は『創作と批評』、今年の夏号をお願いします。
代金と送料は、私が今度韓国に行った時にお支払いします。いつもすみません。

語句と表現 □

1 보내 주실 수 있을까요? : お願いをする時は直接的に「してください」もいいのですが、このように Ⅱ-ㄹ 수 있다を疑問文で使うと控えめな感じがします。
2 주민등록번호 : [住民登録番号]。韓国に居住する者は外国人も含めて、全員が住民登録番号を持っています。各種の行政サービスや、銀行、団体への届出など、生活の各場面で身元証明のために使われる番号です。6桁+7桁の番号で、最初の6桁は生年月日(1967年11月13日生まれなら671113)、次の7桁は固有の番号です。

3 안 되더라고요 :「できなかったんですよね」。試みたものの、登録することができなかったことを回想しています。単なる過去でもかまわないのですが、ここでは自分の経験や見聞を思い出しながら述べる話し言葉の語尾Ⅰ-더라고が使われています。

4 지불토록 하겠습니다 : 지불하도록 하겠습니다が縮まったものです。하다＋Ⅰ-도록は書き言葉では토록のように縮めて使うこともできます。

5-3 コンサートのチケットの問い合わせ。

　個人宛ではなく事務局などの担当者に宛てた問い合わせのメールです。原則として합니다体を使います。

제목 : 콘서트 티켓 문의.¹

담당자님께

8월 25일에 개최 예정인 '슈퍼 드림 콘서트' 티켓에 대해 여쭤 보려고 합니다².
이미 인터넷을 통해 네 자리를 예약했습니다만, 같은 줄로 배정받을 수 있을까요?
만약 가능하시다면 그렇게 해 주시면 감사하겠습니다.
(예약번호는 2553-5896 입니다)
번거롭게 해³ 죄송합니다만 잘 부탁드립니다.

오카와 유미 드림

担当者様
8月25日に開催予定の「スーパードリームコンサート」チケットについてお尋ねします。
既にネットを通して四人分の予約をしてあるのですが、並びの席にしてもらうのは可能でしょうか?
もしできるのならば、そのようにしてくだされればありがたいのですが。
(予約番号は2553-5896です)
お手数ですがよろしくお願いします。

語句と表現

1 문의 : [問義]。「問い合わせ」という意味の漢字語です。
2 여쭤 보려고 합니다 : 問い合わせでは「お尋ねする」という謙譲語여쭈다をよく使います。これにⅡ-려고 하다という意図や心づもりを表す表現を組み合わせると押しつけがましくない印象になります。
3 번거롭게 해 : 形容詞번거롭다「煩わしい」に使役表現のⅠ-게 하다を組み合わせたものです。

5-4 | 悪いけど空港まで迎えに来ていただけますか？

空港までの出迎えの依頼です。日時と人数など、必要事項の整理をすると良いでしょう。無理を聞いてもらうスタンスなので、へりくだった表現が使われています。

제목: 죄송하지만 공항까지 마중 나와 주실 수 있을까요?

이주영 씨

주영 씨, 안녕하세요?
지난번에 말씀드린 대로 친구 3명과 저, 이렇게 모두 4명[1]이 서울에 갑니다만 저는 투어를 통하지 않고 개인적으로 서울에 가는 것은 처음입니다.
그래서 공항에서 시내로 가는 법을 잘 모르겠어요. (가이드북을 봐도 도무지 잘 모르겠네요..) 게다가 한국에 처음 방문하는 친구를 3명이나 데리고 가기 때문에 좀 불안합니다.
그래서 말인데요[2]. 정말 송구스럽습니다만[3] 인천 공항까지 마중을 나와 주실 수는 없을까요?[4] 바쁘시리라 생각합니다만 주영 씨밖에 부탁드릴 분이 없어서요.
제멋대로 부탁만 드려 죄송합니다.

오카와 하루에 드림

珠英さん、こんにちは。
先日お話ししていたとおり、明後日、友人三人と私、あわせて四人がソウルに行くわけですが、私、ツアーに参加しないで個人でソウルに行くのが初めてなのです。
ですので、空港から市内への行き方がよくわからなくて（ガイドブックを見てもよくわからないのです）、おまけに韓国が初めての友人を三人も連れて行くので、少し不安を感じています。
それで、大変申し訳ないのですが、仁川空港まで迎えに来てくれることは可能でしょうか？
お忙しいとは思いますが、珠英さんしか頼める人がいないのです。
よろしくお願いします。
勝手なお願いばかりですみません。

語句と表現 □

1 친구 3명과 저, 이렇게 모두 4명：「友人三人と私、このように全員で四人」。人数を正確に伝えるためには、自分を含めて全員で何人かという表現が重要です。「私を入れて、私を含めて 저를 포함[包含]해서」などのフレーズも使えます。また「全員で」は모두単独でも良いのですが、話し言葉的にはこのように 모두とすることが多くあります。
2 그래서 말인데요：그래서だけでもかまいません。말인데요をつけることで「それでですね」のように、一拍間を取って語調を和らげています。
3 송구스럽습니다만：「恐縮だ、畏れ多い」という송구[悚懼]스럽다は書き言葉でよく使われます。
4 주실 수는 없을까요?：このように「くださることはできませんでしょうか？」という頼み方も控えめな印象を相手に与えます。

5-5 友人がソウルに行くので一日だけ案内してくださるとありがたいのですが。

このメールも、自分ではなく自分の知り合いの案内を頼むという内容なので、親しい間柄ですがかしこまった表現が多く使われています。

제목: 친구가 서울에 가는데 하루만 안내를 부탁드렸으면 합니다.

정태준 씨

안녕하세요?
실은 다음주에 제 친구들이 서울에 가게 되었는데 어디를 관광하면 좋을지 물어보더군요[1].
한 사람은 38세, 한 사람은 45세의 남자들인데, 두 사람 모두 서울은 물론이고 한국에 처음 가는 거라고 하네요. 제가 함께 가면 좋겠지만 이번에는 좀 무리라서요[2]. 태준 씨가 괜찮으시다면 일정 중에 하루만 안내를 해 주시면 좋겠는데, 어떠신지요[3].
두 친구 모두 서투르기는 하나 한국어를 할 수 있고, 한글도 읽을 수 있습니다.
바쁘신데 이런 부탁을 드려 죄송합니다만, 하루만이라도 괜찮으니 부디 안내를 부탁드립니다[4].

오카와 마코토 드림

こんにちは。じつは来週、私の友人たちがソウルに行くことになりまして、どこを観光すればいいか相談を受けました。
三十八歳と四十五歳の男性二人なのですが、二人ともソウルはもちろん韓国は初めてだそうです。私が一緒に行ければいいのですが、今回は無理なので。もしよろしければ泰俊さんにソウルを、日程のうち一日だけ案内してもらえればと思いお願いする次第です。
二人はほんのカタコトですが韓国語ができますし、ハングルも読めます。
お忙しいのにこんなお願いをするのは心苦しいのですが、一日だけでかまいませんので、どうか案内をお願いします。

| 語句と表現 |

1 물어보더군요 :「質問するんですよねえ」。물어보다は逐語訳的には「尋ねてみる」ですが、「(自分が)尋ねられる、相談をされる」という意味で使うこともあります。Ⅰ-더군요は「〜なんですよねえ、でしたねえ」のように、自分の経験などを思い出して感慨をこめる語尾です。詠嘆ではありませんがⅠ-더라고요と置き換えもできます。
2 무리라서요 :「無理なので」。名詞＋라서は「〜なので、ということで」のように原因を表す表現です。ここでは요をつけて「無理なのでしょうね」のように語調を整えています。
3 안내를 해 주시면 좋겠는데, 어떠신지요? : 日本語の「〜する次第です」に直接該当する表現としてはⅠ'-는 바입니다がありますが、これは単に状況を説明するだけの表現なので、ここでは「案内してくださると良いのですが、どうでしょうか」と、相手の都合を尋ねる表現を使ってお願いしています。
4 부디 안내를 부탁드립니다 :「ひとつお願いします」のように語調を整えるだけの「ひとつ」は特に必要ありません。

✉5-6 都合が悪くておつきあいできないのです。

✉5に対する返信です。自分は案内できないが、かわりに自分の息子ではどうかと代案を出しています。断る場合にはこのようにかわりの方法を提案しても良いでしょう。

제목: 사정이 있어¹ 불가능합니다².

오카와 마코토 씨

다음주에 오신다고요?³
안내를 해 드리고 싶은 마음은 굴뚝 같지만⁴ 다음주에는 제가 출장을 가기 때문에 서울에 없습니다.
한국어를 좀 하실 수 있다고 하시니, 우리 아들에게 안내해 드리라고 할까요?

정태준 드림

来週ですか。
ご案内してさしあげたいのはやまやまなのですが、来週は私が出張に行くためソウルにいないのです。
韓国語が少しおできになるということですので、私の息子にご案内させましょうか？

語句と表現

1 사정이 있어：「都合が悪い、都合が良くない」は사정이 있다（事情がある）という表現をよく使います。書き言葉ではⅢ-서を省略することが多くあります。
2 불가능합니다：「不可能です」。ほかに안 될 것 같습니다（だめそうです）としても良いでしょう。
3 다음주에 오신다고요?：相手の発言をおうむ返しに引用すると、発言を理解し、確認することができます。
4 해 드리고 싶은 마음은 굴뚝 같지만：「してさしあげたい気持ちは煙突のようですが」。これは「したい気持ちはやまやまだが」の慣用的表現です。마음のかわりに생각で置き換えることもできます。

5-7 案内ならできるのですが。

鄭泰俊の息子の賢敏が大川誠に出したメールです。父親の友人ということで、かしこまった態度をとりつつ、同時に해요体で親近感を出しています。

제목 : 안내라면 가능합니다만…

마코토 아저씨[1]

저는 정태준의 아들 정현민입니다[2]. 그동안 안녕하셨어요?
아버지께 말씀은 들었습니다. 마코토 아저씨의 친구분들이 다음주에 한국에 오신다는 거죠?
저라도 괜찮으시면 안내해 드리겠습니다. 그런데 어떤 곳을 안내해야 좋을지 잘 모르겠네요. 친구분들에게 혹시 가고 싶은 곳이 있으신지 물어봐 주셨으면 합니다[3].

정현민 드림

誠おじさん
鄭泰俊の息子の賢敏です。お元気でいらっしゃいましたか？
父からお話を聞きました。おじさんのお知り合いの方が来週ソウルにいらっしゃるとのことですね。
私で良ければご案内できますが、どういうところに行けば良いのかよくわからないので、お知り合いの方に、もしご希望があったらお聞きくださいますでしょうか？

語句と表現

1 마코토 아저씨：「誠おじさん」。父の知り合いの大川誠に向けての、賢敏からの呼称です。親しさに関係なく年上の男性に対しては、下の名前に아저씨をつけます。
2 정태준의 아들 정현민입니다：「鄭泰俊の息子の賢敏です」。自己紹介にあたって自分の親の名前を使う場合、親の名前には敬称をつけません。
3 물어봐 주셨으면 합니다：「こうなったらいい」という願望表現であるⅢ-ㅆ으면 하다を使って依頼すると控えめな印象を与えます。相手が父の知り合いなので、물어보세요のような直接的な表現を避けています。하다は좋겠다と置き換えることができます。

5-8 スピーチ原稿を韓国語にしていただけませんか？

　由美が、年上の賢敏にスピーチ原稿を手伝って欲しいと頼むメールです。依頼では「してくれるとありがたい」という一歩引いた表現が使われることが多くあります。

제목 : 스피치 원고를 한국어로 번역해 주시겠습니까?

정현민 씨[1]

유미예요. 안녕하세요?
이번에 클래스에서 한국어 스피치를 하게 되었는데요, 말을 글로 표현하는 것이 어려워서 제대로 원고를 쓰지도 못하고 고민하고 있어요. 그래서 부탁을 드리고 싶은데요[2]. 한국어로 스피치 원고 쓰는 것을 도와주실 수 있나요?
일단 제가 쓴 것이 있으니 고쳐주시면 감사하겠습니다[3].
직접 만나 가르쳐 주시면 좋겠는데, 우선은 원고를 첨부 파일로 보내도록 할게요.

오카와 유미 드림

由美です。こんにちは。
今度、私のクラスで韓国語スピーチをすることになったのですが、言葉を文字で表現するのが難しくきちんと上手に原稿が書けないで困っています。
そこでお願いなのですが、スピーチ原稿を韓国語にするのを手伝ってくださいませんか？
とりあえず私が書いたものはあるので、手直しをしてくだされば嬉しいです。
直接会って教えてもらいたいのですが、まずは原稿を添付ファイルにてお送りしますね。

語句と表現

1 정현민 씨：由美から見ると賢敏は親しい年上の男性なので、親しみをこめて현민 오빠のようにしても違和感はありません。오빠は特に恋人同士でなくても使います。
2 그래서 부탁을 드리고 싶은데요：「それでお願いをしたいのですが」。日本語の発想として「お願いなのですが」というフレーズが頭に浮かぶとそのまま直訳してしまいがちですが、「お願いをしたいのですが」という表現が韓国語としては自然です。

3 고쳐주시면 감사하겠습니다：「感謝する」を表す감사하다を감사하겠습니다の形で使うと控えめな印象になります。Ⅰ-겠-は単なる意思ではなく謙譲表現としても使われます。

5-9 作文の添削をお願いします。

学生が先生に宿題の添削を提出するメールです。提出が前提となっているために、内容と表現は形式的なものがかえって無難でしょう。

제목 : 작문 수정¹을 부탁드립니다.

박수진 선생님
지난 주 숙제였던 한국어 작문을 첨부 파일로 보냅니다.
이상한 곳이 많을 거라 생각은 들지만 열심히 써 봤습니다.
<u>아무쪼록 수정을 잘 부탁드립니다</u>².
○○○ 드림

先週の宿題だった韓国語の作文を添付ファイルにてお送りいたします。
おかしな点がたくさんあると思いますが、頑張って書いてみました。
よろしく添削のほどお願いいたします。

語句と表現

1 수정:[修正]。「誤字や脱字、単語の適否、綴りのチェック」という意味の「添削」は、수정[修正]という語が一般的です。文の内容や構成そのものに関わる「添削」は첨삭[添削]という語を使うこともあります。
2 아무쪼록 수정을 잘 부탁드립니다：「くれぐれも、なにとぞ、どうか」を意味する아무쪼록のかわりに부디としても意味は同じです。

5-10 添付ファイルを再送してくれますか？

　添付のし忘れを相手に知らせて再送を依頼する標準的なメールです。受講生が一般の社会人なので、ここでは受講生に対して尊敬語を交えています。

제목: 첨부 파일을 다시 보내 주시겠어요?

○○○ 씨

숙제 하시느라 <u>수고하셨습니다</u>[1].
그런데, 파일이 첨부되어 있지 않은데 혹시 잊어버리신 건 아닌지요?
번거로우시겠지만 파일을 <u>다시 한번 보내 주세요</u>[2].

박수진 드림

○○○さん
宿題おつかれさまです。
ところで、ファイルが添付されていませんが、もしかして添付するのをお忘れになっていませんか？
お手数でしょうが、ファイルを再送してください。

語句と表現

1. 수고하셨습니다：「おつかれさまでした」。最も一般的な目上の人へのねぎらいの表現は수고하셨습니다です。尊敬語として同じように使える表現として、수고가 많으셨습니다（ご苦労が多くていらっしゃいました）、애를 쓰셨습니다（お骨折りになりました）、고생을 많이 하셨습니다（ご苦労をたくさんなさいました）などがあります。
2. 다시 한번 보내 주세요：재전송[再転送]という語もありますが、このように「もう一度送ってください」という表現のほうが自然です。

6

予定・企画を調整する

一対一、または、複数同士で、会合の内容や予定を打ち合わせるのもメールならば簡単にできます。この章では、「同窓会」の企画相談の段階から、関係者への告知、出欠の確認など、イベントの始まりから終わりまでを、メールに沿って追いかけてみます。複数の相手にBCCでメールを送る際のフレーズにも触れています。

✉ 6-1 | 同窓会に参加してください。

　大川誠が短期留学中の関係者で同窓会をしようと、鄭泰俊にも声をかけています。

제목 : 동창회에 참석해 주세요.

정태준 씨

오래간만입니다.
이번에 서울에 가는데, 이전에 제가 단기 어학 연수 때 함께 공부했던 중급반 사람들과 동창회를 열기로 했습니다.[1]
담임 선생님을 비롯해서 도우미[2] 분들, 그리고 홈스테이 가족분들도 초대할 예정입니다.
정태준 씨도 시간이 괜찮으시다면 부디 참석해 주시면 감사하겠습니다.

오카와 마코토 드림

ご無沙汰しております。
今度ソウルに行くのですが、以前に私が短期留学していた時、一緒に勉強していた中級クラスの人たちと同窓会を開くことにしました。
担任の先生をはじめ、チューターの人たち、ホストファミリーの方たちもお招きする予定です。
泰俊さんもご都合がよろしかったら、ご参加してくださるとありがたいです。

語句と表現　□

1　열기로 했습니다 :「開くことにしました」。I - 기로 하다は「〜することにする」という動作の選択の表現です。
2　도우미 : チューター。外国から来た韓国語学習者のために、チューターをつけてくれる学校も多くあります。韓国語学習の補助や、韓国での生活へのアドバイスなど、韓国滞在中の手助けをしてくれます。도우미は돕다（助ける）から来ています。튜터とも言います。

📩 6-2 いいですね。それは楽しみです。

✉ 1に対する返信です。

제목 : 좋네요. 그거 기대되네요.

오카와 마코토 씨

학교 측 관계자분들도 좋은 분들이시고, 홈스테이 때 방문객들을 접대했던 것은 제게도[1] 좋은 추억입니다.
꼭 다같이 모였으면 좋겠네요.

정태준 드림

学校側の関係者の方たちもいい人ばかりでしたし、ホームステイの時、お客さんを受け入れたのは私にとっても良い思い出です。
是非ともみんなで集まりたいですね。

語句と表現

1 제게도:「私にとっても」。제게は저에게(私に)が縮まったものです。

📧 6-3 場所を探してください。

同窓会の会場について大川誠が鄭泰俊に調べてくれるように頼みます。日時や参加人数などについてきちんと伝えるのは重要です。

제목 : 장소를 알아봐 주세요.

정태준 씨

동창회는 다음 달 17일로 정해졌습니다[1]. 시간은 저녁 7시경으로 생각하고 있습니다.
함께 공부했던 사람들이 모두 일본에 돌아와 있어서 장소를 물색하기가 힘듭니다.
죄송하지만 정태준 씨가 장소를 좀 알아봐 주시겠어요?
참석 인원[2] 은 15~20명이 될 것 같습니다.
장소는 되도록이면[3] 종로 쪽이었으면 좋겠습니다.

오카와 마코토 드림

同窓会は来月の17日に決まりました。時間は夜7時くらいを考えています。
一緒に勉強していた人たちはみんな日本に戻ってきているので、場所を探すのが困難です。
申し訳ないのですが、泰俊さんが場所をお探しになってくださいますか？
参加者数は十五名から二十名になると思います。
場所は、できれば鍾路方面だと嬉しいです。

語句と表現

1 17일로 정해졌습니다：「〜に決まる」は -(으)로 정[定]해지다です。「〜に決める」ならば -(으)로 정[定]하다となります。
2 참석 인원：[参席人員]。참석 인원수[参席人員数]としても良いでしょう。
3 되도록이면：「なるたけならば、なるべくならば、できれば」。

6-4 お店の予約が取れました。

　同窓会の会場が決まったことを鄭泰俊が大川誠に報告しています。正確を期すために略図と店の連絡先を送ることを約束しています。

제목 : 식당[1] 예약을 했습니다.

오카와 마코토 씨

식당은 예약을 했습니다. 인사동에 있는 '산촌' 이라는 곳입니다. 사찰 요리[2] 전문점으로 조용한 분위기라서 편안하게 이야기를 나눌 수 있을 겁니다.
일단 20명으로 예약해 두었습니다[3].
약도와 연락처를 첨부 파일로 보내 드리겠습니다.

정태준 드림

お店の予約が取れました。仁寺洞にある「山村」という店です。精進料理のお店で、静かな雰囲気なのでゆっくりお話ができると思います。
とりあえず二十名で予約しておきました。
略図と連絡先を添付ファイルでお送りします。

語句と表現

1 식당 : [食堂] ですが、飲食店一般のことも指します。가게は「物品を売る店」です。
2 사찰 요리 : [寺刹料理]。「お寺で出す料理」という意味です。
3 일단 20명으로 예약해 두었습니다 : 「とりあえず20名で予約しておきました」。「とりあえず、いったん、ひとまず」は일단 [一旦] です。

6-5 「同窓会のお誘い」

　同窓会の場所が決まったので、関係者に BCC で参加を呼びかけます。ある程度フォーマルな招待ですが、互いに気心が知れた間柄なので、丁寧さを保ちつつ、顔文字などを入れたなごやかさも感じられるメールです。

제목 : 동창회에의 초대

< 본 메일은 전부 BCC 로 보내 드리고 있습니다 >

여러분, 오래간만입니다. 잘 지내시는지요?
작년 봄학기에 연세 어학당에서 여러분과 같이 한국어 공부를 했던 오카와 마코토입니다.
이번에 갑자기 메일을 보내드리는 것은 제목에서도 알 수 있듯이 '동창회'에 관한 것입니다.
같은 반에서 공부했던 클래스메이트, 서포트를 해 주셨던 도우미분들, 홈스테이의 가족들, 그리고 박 선생님을 모시고 조촐하지만[1] 제1회 동창회를 개최하려고 합니다.
공사다망하실 줄 알지만[2] 가능하시다면 꼭 참석해 주셨으면 합니다. 오랜만에 옛 추억을 나누기도 하고, 향상된 한국어 실력을 선생님 앞에서 뽐내 보는 건 (^^)[3] 어떨까요?

일정 : 10월 17일 (일) 오후 7시부터 10시. 현지 집합
장소 : 서울시 인사동 '산촌' (약도는 별첨 참조)
회비 : 8만원

출석 여부에 대해서는 제 앞으로[4] 메일을 보내 주시기 바랍니다.
그리고 장소 선정은 정태준 씨가 수고를 해 주셨습니다[5].
이 기회를 빌어 감사의 말씀을 드립니다.

오카와 마코토 드림

＜本メールはすべて BCC にてお送りしております＞
皆さん、お久しぶりです。お元気ですか？
延世大学語学堂で昨年の春学期に皆さんと一緒に韓国語を勉強しておりました大川誠です。
今回突然メールを差し上げましたのは、件名どおり「同窓会のお誘い」です。
同じクラスで韓国語を勉強したクラスメート、サポートしてくれたチューターの方々、ホストファミリーの皆さん、そして我らが朴秀珍先生をお招きして、ささやかではありますが、「第一回同窓会」を行いたいと思います。
ご多忙とは存じますが、ご都合がよろしければ是非ともご参加いただき、懐かしい話を、先生を交えて、上達した（？）韓国語でしてみましょう！
　　日程：10月15日（金）、午後7時から10時。現地集合
　　場所：ソウル市仁寺洞「山村」（添付の略図を参照）
　　会費：80,000ウォン
出欠のお返事は大川誠までメールにてお知らせください。
なお、会場の手配につきましては鄭泰俊さんに労をおとりいただきました。
この場を借りてお礼申し上げます。

語句と表現　　□

1 조촐하지만：조촐하다は「シンプルだ、こぢんまりとまとまっている」という意味です。ここでは「大袈裟なものではないが」という意味で使っています。
2 공사다망하실 줄 알지만：「公私ともに多忙でいらっしゃるであろうと知っていますが」。Ⅱ'-ㄹ 줄 알다を「〜であろうと思っている、知っている」のように、そうであろうと認識していることを表す表現として使っています。바쁘신 줄 알지만「ご多忙のことと思いますが」とも言います。
3 (^^)：顔文字は日本と共通したものが多く使われています。ここでは公式的なものではあっても、仲間うちの集まりということで「（？）」ではなく「(^^)」を使っています。
4 제 앞으로：「私宛に」。人名の後に앞으로をつけて「〜宛」という意味で使います。
5 수고를 해 주셨습니다：ほかに애를 쓰셨습니다という表現もあります。

6-6 喜んで参加します。

✉5に対する返信です。集まりへの参加の意思表示として最も一般的な表現が冒頭で使われています。

제목 : 기꺼이 참석하겠습니다.

오카와 마코토 씨

동창회! 기꺼이¹ 참석하도록 하겠습니다².
제게도 서울 방문은 오랜만입니다!
매우 인상 깊은 멤버들이었지요. 지금도 어학당에서 공부하던 교과서를 들춰 보곤 합니다.
그럼, 그날을 기다리고 있겠습니다.
○○○ 드림

同窓会！ 喜んで参加させていただきます！
私にとっても久しぶりのソウルです！
とても印象深いメンバーでした。今でも語学堂で勉強した教科書を開いてみたりしています。
では当日を楽しみにしています。

語句と表現

1 기꺼이：何かをするにあたって、「自らすすんで積極的に、快く」という意味の副詞です。
2 참석하도록 하겠습니다：韓国語には「させていただく」に直接該当する表現がありません。このようにⅠ-도록 하겠다、または単独でⅠ-겠-を使うことで婉曲さを表現します。

6-7 残念ながらその日は都合がつきません。

これも✉5に対する返信です。同窓会の知らせを受けたクラスメート、招待されたトウミ、元のホストファミリーなどからの返信です。参加できない場合の標準的な構成のメールです。

제목: 안타깝지만¹ 그날은 사정이 있습니다.

오카와 마코토 씨

동창회를 준비하시느라 고생이 많으십니다. 오카와 씨는 변함없이 에너지가 넘치시네요. ^^
저 역시 동창회에 참석하고는 싶습니다만 그날은 피치 못할 사정² 이 있어 어려울 것 같습니다.
다음에 또 '제2회 동창회'도 기획해 주세요.
그때는 꼭 참석하도록 하겠습니다.

○○○ 드림

同窓会のご案内、おつかれさまです。大川さんは相変わらずエネルギッシュですね (笑)。
私としても同窓会に参加したいのですが、その日は外せない用事があり参加できそうにありません。
また「第二回同窓会」も是非企画してください。
その時はきっと参加します。

語句と表現

1 안타깝지만:「残念ですが」。いくぶん硬いのですが유감[遺憾]스럽지만としても良いでしょう。I-게도を使って、안타깝게도 / 유감스럽게도 (残念なことに) という表現もあります。
2 피치 못할 사정:「避ける」という意味の피[避]하다にI-지 못하다を組み合わせて「避けられない、外せない」という意味で使っています。하다用言は平音で始まる語尾がつく場合に、その平音とともに激音になることがあります。ここでは、피하지 못하다の하지の部分が치になっています。
ほかにも体調不良が原因ならば、몸 상태가 안 좋아서 (体調がすぐれず)、감기에 걸려서 (風邪を引いて)、몸살이 나서 (モムサルになって) などがあります。

6-8 参加者の皆様に緊急時の連絡先をお知らせいたします。

同窓会に関する緊急の連絡方法を知らせるメールです。参加者全員に向けてのメールなので、形式的な表現をとっています。

제목: 참석자 여러분께 긴급 연락처를 알려 드립니다.

동창회 참석자 여러분께

당일 급한 사정이 생겨서[1] 참석을 못 하시는 경우에는, 정태준 씨의 휴대폰으로[2] 직접 연락해 주시기 바랍니다.
(본인의 전화 번호를 알려 줘도 상관없다고 하셨습니다)
정태준 씨의 휴대 전화 번호: 000-3291-7811

오카와 마코토 드림

同窓会参加者の皆様
当日急な事情で参加できなくなった場合は、鄭泰俊さんの携帯電話に直接ご連絡ください。
(ご本人の電話番号をお知らせしてもかまわないとのことです)
鄭泰俊さんの携帯電話番号:000-3291-7811

語句と表現

1 급한 사정이 생겨서:「事情が悪くなる、都合が悪くなる」は、사정[事情]이 생기다を使います。「急だ」を意味する급[急]하다は、급히と副詞形にしても、급한と連体形にしてもかまいません。
2 휴대폰으로:電話の場合、「〜にかける」の助詞「に」は、方向を表す助詞としての -(으)로を使います。「携帯電話」は휴대전화[携帯電話]よりも휴대폰の方が普通の感じがします。핸드폰(hand-phone)という言い方もあります。

6-9 先日は久しぶりに先生にお目にかかれて嬉しかったです。

同窓会が無事に終わりました。大川誠が先生に参加のお礼を述べるメールです。
主に합니다体を使って先生への敬意を表しています。

제목 : 지난번에는 오래간만에 선생님을 뵐 수 있어 기뻤습니다.[1]

박수진 선생님

지난번에는 오래간만에 선생님을 뵐 수 있어 기뻤습니다.
작년에 한국어 공부를 할 때보다 더 잘 말하려고 하니[2] 긴장해서 오히려 횡설수설[3] 해 버렸습니다. 공부가 부족했던 것을 너그러이 이해해 주세요[4].
항상 밝은 분위기로 힘을 북돋아 주시는 선생님 덕분에 이번에도 무척 즐거운 모임이 되었습니다.
다음에 또 연락드리겠습니다.
진심으로 감사드립니다[5].

오카와 마코토 드림

先日は久しぶりに先生にお目にかかれて嬉しかったです。
昨年韓国語の勉強をした時よりも上手に韓国語で喋ろうと思ったら、緊張してしまいしどろもどろになってしまいました。勉強不足をお許しください。
いつも楽しい雰囲気で場を盛り上げてくださる先生のおかげで今回も大変楽しい集まりになりました。
また次回もご連絡いたします。
どうもありがとうございました。

語句と表現

1 기뻤습니다：「嬉しかったです」。반가웠습니다としても良いでしょう。
2 잘 말하려고 하니：「上手に話そうと思うと」。意図を表すⅡ-려고 하다にⅡ'-니까がついたものです。Ⅱ'-니까の까はしばしば省略されます。Ⅱ'-니까は理由だけではなく「実際にしてみたところ」という意味でも使われます。
3 횡설수설：[横説竪説]は「理屈に合わないことをでたらめに喋る」ことです。
4 공부가 부족했던 것을 너그러이 이해해 주세요：「勉強不足を大きな心でご理解くだ

さい」。謝罪の言葉は、ごくふつうには미안합니다、죄송합니다で十分です。ここでは勉強不足を詫びる形になっています。ほかには、사과[謝過]의 말씀을 드립니다(謝罪の言葉を申し上げます)、면목[面目]이 없습니다(面目ございません)などがあります。

5 진심으로 감사드립니다：「本当にありがとうございます」。ここでの「ありがとうございます」は、形式的な常套句としてではなく、気持ちのこもったお礼の言葉として使われています。

7

留学の準備をする

短いものでは一週間、長いものでは数ヶ月から一年間、韓国へ語学留学に行く人も増えています。先方の学校の情報はインターネットを通じて得ることができますが、場合によっては直接確認しないとわからないこともあります。メールを使えば、聞きたい内容を整理して相手に伝えることができます。文体は합니다体が無難ですが、折り目正しいトーンであれば해요体でもかまいません。

✉ 7-1 短期語学留学の問い合わせ。

　ここでは主に大学に併設されている韓国語学校への問い合わせのメールを扱います。このメールでは寄宿舎について問い合わせています。疑問点を明確にするために箇条書きにするのはメールでも有効な方法です。

제목 : 단기 어학 연수[1]에 대한 문의

담당자님께[2]

메일로 실례가 많습니다[3].
귀교의 외국인 대상 한국어 단기 어학 코스를 신청하려고 생각 중입니다.
귀교의 홈페이지를 통해 대략 확인했습니다만, 기숙사에 대해서 몇 가지[4] 여쭤보고 싶습니다.
・기숙사의 방 종류
・일인 사용의 가능 여부[5]
・개인 물품 사전 송부 가능 여부
바쁘시겠지만 답장 기다리겠습니다. 잘 부탁드립니다.

○○○ 드림[6]

担当者様
メールにて失礼します。
貴校の外国人向け韓国語短期留学コースへの申し込みを考えております。
概略に関しては貴校のホームページにて確認いたしましたが、寄宿舎について、いくつかお教えください。
・寄宿舎の部屋の種類
・一人での使用の可否
・私物の事前送付の可否
お忙しいことと存じますが、お返事お待ち申し上げます。

語句と表現　□

1 단기 어학 연수：[短期語学研修]。大学に併設されている語学堂や、民間の語学学校での「語学留学」は연수[研修]と言うのが一般的です。
2 담당자님께：団体などへの問い合わせの場合、呼びかけは相手担当者の役職名だけでかまいません。ここでは丁寧さを表すために助詞께をつけてありますが、これは省略可能です。
3 메일로 실례가 많습니다：「メールにて失礼します」にあたる韓国語の書き出しです。
4 몇 가지：「いくつか」。가지は「～個」のように助数詞としても使います。「ひとつ」なら한 가지となります。
5 여부：「可否」は여부[與否]となります。
6 ○○○ 드림：団体などへの問い合わせの場合、드림のような結びの言葉は省略できますが、つけたほうが丁寧に見えるのは言うまでもありません。

📧 7-2 語学堂の入学手続時に必要なことをお教えください。

　短期語学留学では、ふつう、願書に現地での連絡先や保証人についての記入欄があります。韓国語学校によって記入する内容が異なる場合があります。

제목 : 어학당의 입학수속 시, 필요한 것을 가르쳐 주세요.

담당자님께

메일로 실례가 많습니다.
귀교의 외국인 대상 한국어 단기 어학 코스 신청을 생각하고 있습니다.[1]
입학 수속에 있어서 필요한 서류, 수업료 등의 납부 방법, 기일 등은 이미 확인했습니다만, 현지에서의 연락처와 보증인 등에 대해서는 학교 홈페이지의 어디를 보면 될까요? 번거롭게 해서 죄송하지만 해당 페이지, 또는 상기 항목에 대해서[2] 가르쳐 주시면 감사하겠습니다.[3]
그럼 잘 부탁드립니다.

○○○ 드림

メールにて失礼します。
貴校の外国人向け韓国語短期留学コースへの申し込みを考えております。
入学申込手続きで、必要な書類、授業料等の納付方法、期日は確認できましたが、現地での連絡先や保証人などについては貴校のホームページのどこを見ればよいのでしょうか。お手数をおかけして申し訳ございませんが、当該ページ、または上記項目に関してお教えいただければ幸いです。
よろしくお願いいたします。

語句と表現

1 생각하고 있습니다 : 검토[検討]하고 있습니다としても良いでしょう。
2 상기 항목에 대해서 :「〜について」は、- 에 대해서のほかにも - 에 관해서も使うことができます。
3 가르쳐 주시면 감사하겠습니다 :「お教えくだされば感謝致します」。単に감사합니다または고맙습니다とするよりも、このように감사하겠습니다または고맙겠습니다とするほうが自分を下においた控えめな感じになります。

7-3 下宿希望ですが、どのように探せばよいのでしょうか？

学校の寄宿舎ではなく、学校近辺の下宿を斡旋している韓国語学校も多くあります。

제목: 하숙을 원합니다만, 어떻게 찾으면 좋을까요?

담당자님께

귀교의 한국어학당에 입학신청을 한 사람입니다.[1]
연수 중에는 기숙사 말고 하숙집에서 묵고 싶은데요.
하숙은 개인적으로 찾으면 되는 건가요?[2]
아니면 학교 측에서 알선을 해 주시는 건지요?[2]
개인적으로 알아봐야 한다면 어떻게 하숙집을 찾아야 하는지 가르쳐 주시면[3] 감사하겠습니다.
폐를 끼쳐 죄송합니다만 잘 부탁 드립니다.

○○○ 드림

貴校の韓国語学校への入学申し込みをした者です。
留学中は寄宿舎ではなく下宿したいと思っているのですが…。
下宿は個人で探せばよいのでしょうか？
あるいは学校側で斡旋をしてくださるのでしょうか？
個人で調べなければならないなら、どのように下宿を探せばよいのかご教示くだされば ありがたく存じます。
ご面倒をおかけして申し訳ありませんがよろしくお願いいたします。

語句と表現

1 입학신청을 한 사람입니다 :「者（もの）」は単純に사람でかまいません。
2 되는 건가요? 주시는 건지요? : この場合の「よいのでしょうか？ いただけるのでしょうか？」は、推測ではなくやわらかく問い掛けける表現なので、Ⅱ'-ㄹ까요? は使わずに、Ⅱ'-ㄴ가요? / Ⅰ'-는가요? やⅡ'-ㄴ지요? / Ⅰ'-는지요? を使うと良いでしょう。
3 가르쳐 주시면 :「ご教示」は「お教えくだされば」でかまいません。

7-4 はじめまして。

韓国語学校から斡旋してもらった下宿先や、ホームステイ先への挨拶のメールです。相手先へ送る初めてのメールなので합니다体を使います。このメールは大川誠が鄭泰俊の家に長期のホームステイをするにあたって送ったメールです。一般の下宿の場合でも同じ内容で大丈夫です。

제목 : 처음 뵙겠습니다.

정태준 씨

처음 뵙겠습니다. 저는 연세대학교 한국어학당에서 봄부터 3개월 간 한국어를 공부하게 된 오카와 마코토라고 합니다.
어학당에서 정태준 씨 댁을 소개해 주셨기에 <u>우선 인사를 드려야 할 것 같아</u>[1] 메일을 보냅니다.
<u>조만간</u>[2] 다시 인사 드리겠습니다만, 앞으로 잘 부탁드리겠습니다.

<u>추신</u>[3] : 댁에서 홈스테이를 하기 전에 제 짐을 먼저 보내도 될까요?

오카와 마코토 드림

はじめまして。私は延世大学韓国語学堂で春から三ヶ月間韓国語を勉強することになった大川誠と申します。
語学堂から鄭泰俊さんのお宅を紹介されましたので、まずはご挨拶をと思いメールを差し上げる次第です。
近いうちにあらためてご挨拶いたしますが、今後ともよろしくお願いいたします。
追伸：ホームステイに先立って、私の荷物を先に送っても良いでしょうか？

語句と表現

1 우선 인사를 드려야 할 것 같아 :「まずご挨拶を差し上げるべきと思い」。ほかにも 인사를 드리려고（ご挨拶しようと）などとしても良いでしょう。
2 조만간 : 近いうちに。조만간[早晩間]はかしこまった感じがします。
3 추신 : [追伸]。ほかにも 덧붙임、PSのように書いたりします。追伸部分はこのメールのように自分の名前の前におくこともあります。

7-5 短期語学留学中の寄宿舎(学生寮)について。

✉1に続いて寄宿舎についての問い合わせです。

제목 : 단기 어학 연수 중의 기숙사 이용에 대해서

담당자님께

귀교에서의 한국어 단기 어학 연수를 검토하고 있습니다.
교내에 기숙사가 있고, 단기 유학생도 이용할 수 있다고 들었는데 기숙사 내의 규칙이나 수속에 대해 <u>가르쳐 주셨으면 합니다</u>[1].
・<u>제한 시간</u>[2] 은 있습니까?
・학기 도중에도 신청이 가능합니까?
이상입니다. 그럼, 잘 부탁드립니다.

○○○ 드림

貴校にて韓国語の短期留学を検討しております。
校内に学生寮があり、短期留学生の入寮も可能とのことですが、寄宿舎内の規則や手続きについてお教えいただければと思います。
・門限はありますか?
・学期の途中からの申し込みもできますか?
以上です。よろしくお願いします。

語句と表現

1 가르쳐 주셨으면 합니다 : Ⅲ-ㅆ으면 하다は「そうではないのはわかっているが、そうだったら嬉しい」という願望を表す表現です。問い合わせのメールにこの表現を使うと、「いちいち教えてくださらないかとは思うが、教えてくれると嬉しい」というへりくだった印象になります。

2 제한 시간 : 門限は제한 시간[制限時間]となります。문한[門限]という語は一般的ではありません。

7-6 トウミ(チューター)について教えてください。

外国から来た韓国語学習者のために、チューターをつけてくれる学校も多くあります。韓国語学習の補助や、韓国での生活へのアドバイスなど、韓国滞在中の手助けをしてくれます。日本語を勉強している学生の場合が多いようですが、そうではないこともあります。チューターの学年や、男子学生か女子学生などは希望を考慮してくれることケースがあります。튜터という言い方もありますが、도우미というのが一般的です。

제목 : 도우미에 대해 가르쳐 주세요.

담당자님께

단기 유학 중 이용할 수 있는 도우미 제도에 대해 가르쳐 주세요.
학부에 재학[1] 중인 학생분이 도와주실 거라고 생각됩니다만, 저를 도와주실 학생에 대한 희망 사항를 말씀드려도 되나요?[2]
저는 일본어와 한국어를 서로 주고 받으며 공부하기를 원합니다. 저의 희망 사항을 고려해 주신다면, 일본어를 공부하고 있는 학생을 도우미로 연결해 주시면 감사하겠습니다.

○○○ 드림

短期留学中のチューター制度についてお教えください。
学部に在籍なさっている学生の方がサポートしてくださるのだと思いますが、サポートしてくださる学生の希望はお聞きいただけるのでしょうか?
日本語と韓国語のやりとりをしつつ勉強をしたいと思っております。希望事項を考慮してくださるならば、日本語を勉強している学生の方をアレンジしてくださるとありがたく存じます。

語句と表現

1 재학:「在籍する、在籍している」は재학[在学]하다、または재학중[在学中]이다となります。「在籍者数」という意味で재적수[在籍数]という言い方はありますが、재적에하다をつけて使うことはありません。
2 희망 사항를 말씀드려도 되나요?:「希望事項を申し上げてもよろしいでしょうか」。こういうことを述べてもいいかと問い掛けることで、相手に自分の希望を伝えます。

📧 7-7 課外活動では具体的に何をしますか？

韓国語学校の授業は通常、午前9時頃から午後1時頃までの一日4時間程度です。午後はオプションとして韓国文化体験や、近郊への日帰り旅行などの課外活動のプログラムが設定されています。

제목 : 과외 활동에서는 구체적으로 무엇을 합니까?

담당자님께

단기 어학 연수 프로그램 안에 '과외 활동'이라는 항목이 있습니다만, 과외 활동은 구체적으로 무엇을 <u>하는 건가요?</u>[1]
안내서에는 '한국 문화 체험·그룹 활동'이라고 <u>기재되어 있던데요</u>[2], 현재 예정되어 있는 프로그램이 있으면 가르쳐 주십시오.

○○○ 드림

短期語学留学のプログラムの中に「課外活動」という項目がありますが、課外活動は具体的に何をするのでしょうか？
案内書には「韓国文化体験・グループ活動」と記載されていますが、現在予定されているプログラムがありましたらお教えください。

語句と表現

1 하는 건가요? :「するのでしょうか？」。連体形に続く것（話し言葉では거）は、「の」にあたることがあります。単に「합니다. 합니까? 합니까? 합니까?」ではなく「하는 것입니다. 하는 것입니까? 하는 것입니까? 하는 것입니까?」とすると、説明的、または限定して確認する感じになります。ここではⅡ'-ㄴ가요?を使うことで柔らかく問い掛けています。

2 기재되어 있던데요 : 案内書に記載されている内容を思い出しつつメールを書いているので、Ⅰ-던데を使っています。案内書を見ながらメールを書いているのであれば있는데요となります。全体として堅苦しくないトーンのメールにしたいならば、このメールのように接続形の部分に요を適宜つけても良いでしょう。

7-8 大学の付属施設は利用できますか？

　大学に併設されている韓国語学校では、大学の施設を利用できる場合があります。場合によっては使用に制限がありますので、確認してみると良いでしょう。

제목 : 대학의 부속 시설은 이용할 수 있습니까?

담당자님께

단기로 어학당에 다니는 학생도 대학 내의 부속 시설(<u>도서관이나 학생 식당 등</u>[1])을 이용할 수 있나요?
이용이 가능하다면, 혹시 학생 식당의 이용 요금이나 도서관 이용에 차등이 있습니까?
번거롭게 해 드려 죄송합니다만, 가르쳐 주시면 감사하겠습니다.

○○○ 드림

　短期で語学堂に通う学生でも、大学内の付属施設（図書館や学生食堂など）を利用することはできるのでしょうか？
　利用可能であれば、学生食堂の利用料金や図書館利用に違いはありますか？
　お手数をおかけして申し訳ございませんがよろしくお教えくださいますようお願いいたします。

語句と表現

1　도서관이나 학생 식당 등：「図書館や学生食堂など」。同類のものを例示する助詞は -(이)나 を使います。예를 들면 (たとえば) をつけても良いでしょう。

✉ 7-9 非常時の対応方法についてお教えください。

　付属病院がある大学の韓国語学校ならば、その病院が病気になった場合の受け入れ先になる場合が多いようです。それ以外の緊急時などへの対応や、相談窓口は各学校の事務局になりますが、ホームページで明確に説明している韓国語学校は多くありません。このメールのように、あらかじめ問い合わせておくのは大事なことです。

제목 : 비상시 대처 방법에 대해 가르쳐 주세요.

담당자님께

단기 어학 연수 중에 각종 질환이나 사고, 도난 등을 당했을 경우의 대처법[1]에 대해서 가르쳐 주세요.
예를 들면 단기 유학생 전용 상담[2] 창구 등이 있습니까?
또는 비상 시의 대처법에 대해 기재되어 있는 책자 등이 있으면 안내해 주세요.
잘 부탁드립니다.

○○○ 드림

短期語学留学中に、病気や事故、盗難などに遭った場合の対応についてお教えください。
たとえば短期留学生専用の相談窓口などはあるのでしょうか？
または緊急時の対応を記載した冊子などがあればお教えください。
よろしくお願いいたします。

語句と表現 □

1 대처법：[対処法]。日本語の「対応」は대처[対処]となります。대응[対応]は「これとこれは相互に対応している」という意味で使うので、意味が異なります。
2 상담：상담[相談]は、「その分野に関しての知識を持っている専門家などに助言を求める」という意味で使います。「話し合い」という意味での相談は의논[議論]や상의[相議]となります。

7-10 入学手続きをしましたが許可証がまだ届いていません。

　通常、願書を提出し、授業料を支払うと入学許可証や学生証などが韓国から送られてきます。手続きは支払いのタイミングによっては時間がかかることもあります。

제목: 입학 수속을 했습니다만 입학허가증이 아직 도착하지 않았어요.

담당자님께

2주일 전에 필요한 서류를 송부하고 수업료도 납부했습니다만, 입학 등록 완료에 따라 발급[1] 된다는 입학 허가증이 아직 이쪽에 도착하지 않았습니다.
번거롭게 해 드려 죄송합니다만, 확인을 해 주시겠습니까?
잘 부탁드립니다.

○○○ 드림

二週間前に必要書類を送付し、授業料も納めましたが、入学登録完了に伴い発行されるという入学許可証がまだこちらに届いておりません。
お手数をおかけして申し訳ありませんがご確認いただけませんでしょうか？
よろしくお願いいたします。

語句と表現

1 발급：登録証などの発行は발급[発給]となります。발행[発行]は書籍の出版などで使われます。

8

予約する・注文する・クレームする

インターネットを通じた予約や通信販売は、現代では当たり前のものになっています。ショッピングサイトやホテルなどでは、専用の入力フォームに入力するだけで予約や手配を済ませることができることがほとんどですが、自分の好みや希望をきちんと伝えるにはメールが最適です。また、返品、交換などの依頼、クレームの場合も、事実関係をはっきりさせるのもメールを使うのが確実です。

8-1 ホテルの部屋についてお尋ねします。

　ホテルの施設や客室についての問い合わせです。問い合わせのメールでは합니다体を使うのが普通ですが、このメールのように、忙しいところ申し訳ないが、というスタンスでところどころに해요体を入れてやわらかく問い掛ける表現を混ぜても良いでしょう。

제목: 호텔 방에 대해 여쭤 보겠습니다.

담당자님께

호텔 방에 대해 여쭤 보겠습니다.
다리미판과 드라이기는 방 안에 배치되어 있습니까?[1]
그리고 금연실 또는 금연 플로어는 있습니까?
인터넷은 사용할 수 있습니까? 사용할 수 있다면 유선인가요?[2] 아니면 무선인가요?
홈페이지에는 비데[3] 시설이 되어 있다고 쓰여 있던데, 전 객실에 완비되어 있는 건가요?
가르쳐 주시면 감사하겠습니다.

오카와 하루에 드림

ホテルの部屋についてお尋ねします。
アイロン台とドライヤーは部屋についていますか？
それと禁煙室または禁煙フロアはありますか？
インターネットは使えますか？ 使えるのならば、ネット環境は有線でしょうか。それとも無線ランでしょうか？
ホームページではシャワートイレがあると書かれていましたが、全室完備なのでしょうか？
お教えいただければ幸いです。

語句と表現

1　방 안에 배치[配置]되어 있습니까?:「部屋の中にありますか？」。単に방[房]에 있습니까? でもかまいません。방のかわりに객실[客室]を使っても良いでしょう。
2　유선인가요?:「有線なのでしょうか？」。유선입니까? のように質問しても悪いわけ

ではありませんが、場合によっては答えを強要されているように受けとられることもあります。ここではやわらかく問い掛けている感じを出すためにㄹ'-ㄴ가요? を使っています。
3 비데：洗浄便座つきのトイレは비데と言います。

📖 ホテル

　ホテルの設備や備品は日本と同様のものが揃っています（歯ブラシと歯磨き粉のセットは有料の場合が多いです）。有料または無料で貸してくれるものもあるので、事前にメールで確認しておくと良いでしょう。「貸してくれますか？　借りられますか？」は대여 받을 수 있습니까? となります。
　参考として一般的なホテルにある設備や備品の用語を挙げます。

인터넷 접속	インターネット接続	유선・무선	有線・無線
랜	LAN	욕실	浴室
바디워시	ボディソープ	샴푸	シャンプー
린스	リンス	타올	タオル
칫솔	歯ブラシ	치약	歯磨き粉
잠옷	寝巻き	헤어 드라이기	ヘアドライヤー
화장실	トイレ	비데	洗浄便座付きトイレ
냉난방	冷暖房	금고	金庫
냉장고	冷蔵庫	전기포트	電気ポット
슬리퍼	スリッパ	텔레비전	テレビ
전화기	電話機	다리미	アイロン
다리미판	アイロン台	변압기 (트랜스)	変圧器（トランス）
가습기	加湿器		

✉ 8-2 部屋の予約をお願いします。

　予約入力フォームがないホテルやゲストハウスなどの客室を予約する場合の標準的なメールです。日程、名前、性別、人数、到着予定時刻などは箇条書きにすると良いでしょう。名前はパスポートに記載されているローマ字を使います。

제목 : 방 예약을 부탁드립니다.

담당자님께

방 예약을 부탁드립니다.
어른 2인[1] (남자 1인, 여자 1인) 입니다.
이름 : OHKAWA Makoto (남), OHKAWA Harue (여)
체크인 : 11월 13일 (토), 오후 4시 예정
숙박 일수 : 2박
체크아웃 : 11월 15일 (월)
객실 타입 : 트윈 (금연)
이상[2], 잘 부탁드립니다.

오카와 하루에 드림

部屋の予約をお願いします。
大人二人（男性一名、女性一名）です。
名前：OHKAWA Makoto（男）、OHKAWA Harue（女）
チェックイン：11月13日（土）、午後四時予定
宿泊日数：2泊
チェックアウト：11月15日（月）
部屋のタイプ：ツイン（禁煙室）
以上よろしくお願いします。

語句と表現

1　2인：人数は、인［人］のほかに명［名］でもかまいません。1인、1명のように数字で表記するのがわかりやすくて良いでしょう。
2　이상：複数の項目を伝え、これで終わりであることを伝える場合には이상［以上］を使います。「以上です。이상입니다。」のようにしても良いでしょう。

✉ 8-3 | 予約の確認です。

✉2の続きです。予約を確認した旨の連絡がホテルから来ない場合のメールです。自分が送ったメールを転送して、その冒頭にこのメールの文面を挿入しても良いでしょう。

제목 : 예약 확인

담당자님께

며칠 전에 메일로 11월 13일부터 2박으로 예약을 부탁드렸던 오카와라고 합니다.
담당자님으로부터 확인 연락이 없는데요. 예약이 되었는지 어떤지 확인을 해 주시지 않겠습니까?[1]
연락 기다리고 있겠습니다.

오카와 하루에 드림

数日前にメールにて11月13日から2泊で予約をお願いした大川と申します。
ご担当者様から確認の連絡がありませんので、予約が取れているかどうか確認していただけませんでしょうか?
ご連絡お待ちしております。

語句と表現 □

1 주시지 않겠습니까?: 相手に何かを要求する場合、「ください」にあたる表現で最もよく使われるのは주세요. 주십시오. ですが、問い合わせなどではストレートな言い方をするよりは相手の立場に立って「くださいますか。くださいませんでしょうか」のように意向を尋ねる形で伝えるとやわらかい感じがします。

✉ 8-4 予約をキャンセルします。

　予約のキャンセルは、特に理由を説明する必要はありません。予約内容をきちんと再掲してキャンセルの意思表示をします。

제목 : 예약 취소[1]

담당자님께

며칠 전에 메일로 11월 13일부터 2박으로 예약을 부탁드렸던[2] 오카와라고 합니다.
정말 죄송합니다만, 예약을 취소하고 싶어[3] 연락을 드립니다.
취소 비용에 대해서는 홈페이지에 나와 있지 않던데[4] 어떻게 하면 될까요?
폐를 끼쳐 죄송합니다만 잘 부탁드립니다.

오카와 하루에 드림

先日メールにて11月13日から2泊で予約をお願いした大川と申します。
大変申し訳無いのですが、予約をキャンセルさせていただきたくご連絡差し上げます。
キャンセル料についてはホームページに出ていませんでしたが、どのようにすればよいでしょうか？
ご迷惑をお掛けしますが、よろしくお願いします。

語句と表現　□

1　취소：[取消]。캔슬としてもかまいません。キャンセル料は취소 비용[取消費用]、캔슬비[--費]となります。
2　부탁드렸던：今回キャンセルのメールをするに先立って「既に予約をお願いしていた」という過去における完了を表すためにはⅢ-ㅆ던という連体形を使います。
3　취소하고 싶어：メールなどの書き言葉では原因を表すⅢ-서を省略することが多くあります。Ⅲ-서をつけても間違いではありませんが、Ⅲ-서をつけると「取り消したいので」、省略すると「取り消したく」のように感じが違ってきます。
4　나와 있지 않던데：「出ていませんでしたが」。Ⅰ-던데は、見聞や体験を思い出しつつ述べる語尾です。ここでは、宿泊施設のホームページの内容を頭に思い浮かべてメールをしていることになります。

8-5 先日そちらに宿泊した者ですが。

ホテルに宿泊して、不満があったことを伝えるメールです。感情的にならず、あったことだけを伝えます。해요体を使うと文体だけが親しみがこもった感じになって違和感があります。합니다体が良いでしょう。このメールは比較的強い調子のクレームのメールです。冷静さを保ち、言うべきことは言うという姿勢を示すために、文末はすべてかしこまった합니다体になっています。

제목 : 요전번에 그 호텔에서 묵은 사람입니다.

○○호텔 매니저[1] 님께

11월 13일부터 그 호텔에서 2박을 했던 오카와 하루에라고 합니다. 드릴 말씀이 있어 메일을 보냅니다.
전망도 좋고 쾌적해서 만족하고 있었는데 14일 아침 9시경에 룸메이드[2]가 방 문에 'Don't disturb' 라는 라벨을 걸어 놓았는데도 불구하고 키를 열고 방 안에 들어왔습니다.
라벨을 못 본 것은 어쩔 수 없다고 하더라도 그때 한마디의 사과도 없이 '쾅' 소리를 내며 문을 닫고 나가 버렸습니다.
그뿐만 아니라 이번엔 또 다른 사람이 들어 와서는 똑같은 행동을 한 것입니다. 역시 아무런 사과의 말이 없었습니다. 프런트에도 항의를 했습니다만 제대로 성의 있는 대응을 해 주었다고는 보기 어렵습니다. 체크아웃 때도 부탁도 하지 않았던 클리닝 값을 요구하는 등 마지막까지 뒤끝이 나빴습니다[3].
그날 직접 말씀을 못 드렸기 때문에 이렇게 메일을 보내는 것입니다. 앞으로 이런 일이 발생하지 않도록 서비스 교육에 힘써 주시기 바랍니다.
그럼, 실례하겠습니다.

오카와 하루에 드림

○○ホテル マネージャー様
11月13日からそちらに2泊させていただいた大川春江と申します。
申し上げたいことがありメールいたします。
眺めも良く、快適で、満足しておりましたところ、11月14日の朝九時頃、部屋の係の人が、ドアノブに「Don't disturb」の札を掛けておいたにもかかわらず、鍵を開けて部屋に入ってきました。
札を見落としたのは仕方ないとして、その際にひと言の謝罪もなくバンッと音でドアを閉めて去って行ってしまいました。
これだけならまだしも、何と、もう一度、今度は別の清掃の人が全く同じことをしたのです。やはり何の謝罪の言葉もありませんでした。フロントへも抗議しましたが、誠意ある対応とは言い難いものでした。
チェックアウトの際にも、頼んでいないクリーニング代を請求されるなど、最後まで後味が悪いままでした。
当日に直接申し上げることができなかったので、このようにメールを差し上げる次第です。
今後、このようなことが起きないように、サービス教育に力をお入れくださるようお願いいたします。
では失礼いたします。

語句と表現

1 매니저：マネージャー、支配人
2 룸메이드：部屋の係の人
3 뒤끝이 나빴습니다：「後味が悪い」は 뒤끝이 나쁘다です。

8-6 先日そちらに注文した者です。(商品のクレームの場合)

商品のクレームの場合は、返品に伴う返金、または交換が主な内容になります。商品名や商品番号を明記して、いずれかの対応を求めます。

제목: 얼마 전에 그곳에 주문한 사람입니다.

담당자님께

얼마 전에 주문한 맛사지 팩[1] 세트 말인데요. 주문한 것은 3세트였는데 2세트 밖에 들어 있지 않았습니다. 수량을 잘못 주문했나 싶어[2] 확인해 보았습니다만 역시 제가 주문한 것은 3세트였습니다. (귀사로부터[3] 의 확인 메일도 그렇게 되어 있습니다)
1세트 더 보내 주시거나 아니면[4] 1세트에 대한 환불[5] 을 부탁드립니다.

오카와 하루에 드림

先日注文したフェイスパックのセットですが、注文したのは3セットなのに、2セットしか入っていませんでした。数量を間違えて注文したのかと思い確認したところ、やはりこちらから注文したのは3セットでした。(御社からの確認メールもそうなっています)もう1セットお送りくださるか、代金の返金をお願いいたします。

語句と表現

1 맛사지 팩:「お面風に目鼻口に切り抜いた紙に薬液を染みこませたパック」は「맛사지 팩 マッサージパック」と言います。

2 잘못 주문했나 싶어:「間違えて注文したのかと思い」。I'-나 싶다は「~かと思う」という自分の判断や認識を表す表現です。

3 귀사로부터:「御社([貴社])から」のように、一個人ではなく団体の場合の「から」は에게서ではなく、(으)로부터を使います。

4 보내 주시거나 아니면:「お送りくださるか、でなければ」。I-거나は「~するか(または)」のように、どちらかを選択する語尾です。このメールのようにアニメン(でなければ、それとも)をつけて使うことも多くあります。

5 환불:返金は환불[還払]です。先払いは선불[先払]、後払いは후불[後払]です。

8-7 もう一度ご確認願います。(商品のクレームの場合、二度目)

✉6の続きです。交換の要求に対して、再度違う品物を送ってきた相手方のミスを責めずに、具体的な対応を求めるメールです。末尾では尊敬語を使っているのは、「주겠습니까? 주겠습니까?」のような、丁寧語でありながらも居丈高な感じを避けるためです。

제목 : 다시 한번 확인 부탁드립니다.

담당자님께

주문한 3세트 중에 2세트 밖에 도착하지 않아 문의를 드렸던[1] 사람입니다.
오늘 나머지 1세트가 도착했습니다만, 이것은 지난번에 받은 2세트와는 다른 상품인 것 같습니다. 어떻게 된 일인지[2] 다시 한번 확인해 주시겠습니까?

오카와 하루에 드림

注文した3セットのうち、2セットしか届かなかったため先日問い合わせた者です。
今日、もう1セット届きましたが、これは前の2セットとは違う商品のようです。
どうなっているのか再度確認していただけませんか。

語句と表現

1 문의를 드렸던 : 既に一度問い合わせをしているので、連体形はⅢ-ㅆ던を使います。
2 어떻게 된 일인지 : 注文と配達内容の違いの経緯について再度問い合わせています。「何がどうなっているのか」のように強調するならば、뭐가 어떻게 된 일인지としてもいいでしょう。

8-8 ポジャギを注文したいのですが。

オンラインショッピングのシステムを使っていない小規模なネットの小売り店舗への購入希望のメールです。支払方法についても問い合わせています。

제목 : 보자기를 주문하고 싶습니다.

담당자님께

보자기 주문을 부탁드립니다.
카탈로그 15페이지[1] 중간에 실려있는 '연잎 차포'를 한 장, 20페이지 하단에 있는 '화문자수보' 파란색을 한 장, 분홍색 한 장 이렇게[2] 세 장입니다.
지불 방법에 대해서도 알려 주세요.
잘 부탁드립니다.

오카와 하루에 드림

ポジャギの注文をお願いします。
カタログの15ページの真ん中に載っている「蓮葉茶布」を1枚、20ページの下段にある「花紋刺繍褓」の青を1枚、桃色を1枚、計3点です。
お支払い方法についてもお知らせ願います。
よろしくお願いいたします。

語句と表現

1 페이지:「ページ」は쪽という助数詞もありますが、このように페이지と外来語を使ってもかまいません。
2 이렇게:「全部でこのように」という意味で이렇게を使います。모두、함께としても良いでしょう。

✉ 8-9 注文した商品の交換を希望します。

✉8の続きです。送られて来た品物が違っていたので交換を求めています。主に합니다体を使ってこちらの要求を伝えているのは ✉6と同じですが、全体的に穏やかなトーンになっています。

제목 : 주문한 상품을 교환하고 싶습니다.

담당자님께

지난번에 그곳¹에서 '화문자수보'를 주문했던² 사람입니다. 바로 보내주셔서 감사합니다. 모두 멋지고 근사한 보자기였지만 그 중 한 장이 사진에서 본 것과 다른 것 같아서 교환을 하고 싶습니다. '화문자수보' 파란색을 보라색으로 바꿔 주실 수 있을까요?³ 지금 가지고 있는 파란색 보자기는 EMS로 반송하겠습니다.
번거롭게 해 드려 죄송합니다만 잘 부탁드립니다.

오카와 하루에 드림

先日そちらで「花紋刺繍褓」を購入した者です。
すぐに送ってくださり、ありがとうございます。どれも綺麗で大変素敵な品なのですが、1点だけ写真の色と違っているようなので商品の交換をお願いします。
「花紋刺繍褓」の青を紫に取り替えてくださいますでしょうか。
手元にある青のポジャギはEMSで返送いたします。
お手数をお掛けして申し訳ございませんがどうぞよろしくお願いします。

語句と表現

1 그곳:問い合わせる相手先である「そちら」は그곳を使うのが一般的です。自分側のことは이곳となります。거기、여기は話し言葉風になります。
2 주문했던:「既に注文している(品物は届いた)」ことを示すためにⅢ-ㅆ던を使います。
3 주실 수 있을까요?:直接要求をしないで、このように「くださることはできるでしょうか」のように表現するとやわらかい感じがします。

✉ 8-10 | 注文した品が届きません。

✉9の続きです。相手方の再三のミスですが、ここでも強硬に出ないでやわらかく確認を求めています。文末も해요体を織り交ぜて居丈高にならないようにしています。

제목 : 주문한 물건이 <u>오질 않아요</u>¹.

담당자님께

지난번 상품 교환을 부탁드렸던 사람입니다.
'화문자수보' 파란색을 보라색으로 바꿔 <u>주십사</u>² 부탁 드렸는데 아직 물건이 도착하지 않았어요.
파란색 보자기는 이미 반송을 해 드렸는데 말이에요.
확인 부탁드립니다.

오카와 하루에 드림

先日商品の交換をお願いした者です。
「花紋刺繍褓」の青を紫と取り替えてくださるようお願いしたのですが、まだ品物がこちらに届いていません。青のポジャギは既に返送済みです。
よろしくご確認お願いします。

語句と表現

1 오질 않아요:「届きません」は「来ません」という表現で十分です。ここでは否定のⅠ-지 않다の지に、助詞の를 (〜を) が短縮された形がついて、「一向に届きません」のように強調したニュアンスになっています。Ⅰ-지를 않다、Ⅰ-지는 않다、Ⅰ-지도 않다のように助詞がついた形で、「〜しはしない、〜しもしない」のように、単なる否定ではなく、強調したり付け加えるニュアンスを出すことができます。

2 주십사:「くださるように」。Ⅱ'-십사は「〜なさいますように〜」のように、尊敬の意をこめて何らかの行為を要求する文中で使う書き言葉の語尾です。ここではお願いするスタンスを崩さないためにⅢ 주십사 (〜してくださいますように) の形で使っています。「〜してほしいと、〜してくれるように〜」ならばⅢ 달라고となります。

9

慶び・お祝いを伝える

お祝い事があったとき、遠くに離れている相手には、電話はもちろん、メールでお祝いの気持ちを伝えたいものです。親しい相手なら해요体でメールを書いてもかまいませんが、합니다体を使って折り目正しく、かしこまったトーンで書いたほうがいい場合もあります。

✉ 9-1 新年おめでとうございます。(1)

「연하장 年賀状」という語はありますが、一大イベントのようにして年賀状を送る習慣は韓国にはありません。クリスマスカードに添える形で新年のメッセージを伝えるのが一般的です。新年の挨拶として、最近ではメールや携帯メールなどで、軽く短めの挨拶をすることもあります。このメールはごく一般的な軽い新年の挨拶です。

제목 : 새해 복 많이 받으세요[1].

○○○ 씨

신년을 맞아[2] 감사의 마음을 담아 인사 올립니다[3].
따뜻한 배려와 격려에 감사드리면서, 새해는 ○○○ 씨에게 행운이 넘치는 해가 되시길 기원합니다.

○○○ 드림

新年にあたり感謝の気持ちをこめてご挨拶申し上げます。
あたたかいご配慮と励ましを感謝しつつ、○○○様の今年が幸運に満ちた年になりますようお祈りいたします。

語句と表現 □

1 새해 복 많이 받으세요 : 새해 복 많이 받으십시오とすると格式張った感じになります。
2 맞아 : もう少しかしこまった表現にするならば맞이하여としても良いでしょう。
3 올립니다 : ここではかしこまっている感じを出すために올립니다としています。드립니다とすると、敬意は保ったままで、幾分かたさが和らぎます。

✉9-2 新年おめでとうございます。(2)

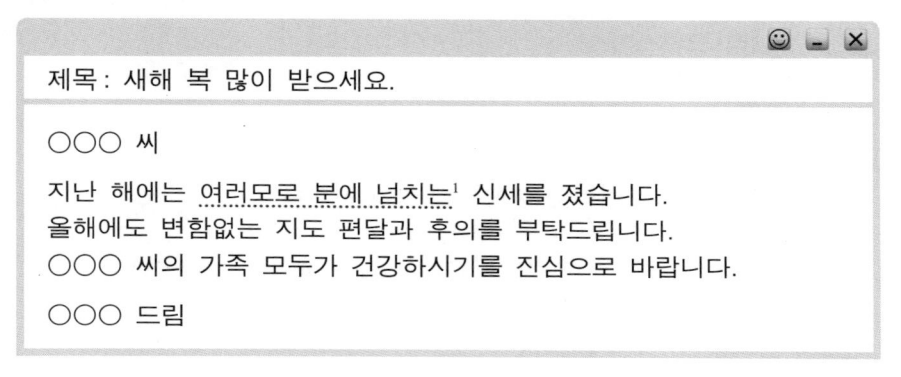

✉1のメールよりもかしこまった表現を使っています。お世話になった目上の人に送るのに適しています。

제목: 새해 복 많이 받으세요.

○○○ 씨

지난 해에는 <u>여러모로 분에 넘치는</u>¹ 신세를 졌습니다.
올해에도 변함없는 지도 편달과 후의를 부탁드립니다.
○○○ 씨의 가족 모두가 건강하시기를 진심으로 바랍니다.

○○○ 드림

昨年はいろいろとお世話になりました。
今年も変わらぬご指導ご鞭撻と厚誼を賜りますようお願いいたします。
○○○様とご家族皆様のご健康を心よりお祈り申し上げます。

語句と表現

1 여러모로 분에 넘치는:「いろいろな局面において分に余る」という表現です。単に여러가지とするよりも感謝の意をこめることができます。

9-3 メリークリスマス！(1)

ごくふつうのクリスマスのメールです。

제목: 메리 크리스마스!

○○○ 씨

메리 크리스마스!
크리스마스가 부디 <u>마음 따뜻해지는 날이 되시길</u>[1].
겨울다운 추위가 계속되고 있어요.
가족 모두에게 평화와 건강이 있으시길 마음 깊이 <u>기도합니다</u>[2].
그럼 알찬 한해 맞이하길 바래요.

○○○ 드림

メリークリスマス！
クリスマスが、どうぞ心温まる日になりますように。
冬らしい寒さが続いております。
ご家族皆様の上に平和とご健康がありますよう心からお祈りいたします。
では、充実した一年をお迎えになることをお祈りします。

語句と表現

1 마음 따뜻해지는 날이 되시길 :「心温まる日になりますように」。Ⅰ-기를 바라다が短くなったものです。바라다を省略し、Ⅰ-기를がⅠ-길となっています。
2 기도합니다 : 기도[祈祷]합니다 (드립니다) のほかに기원[祈願]합니다 (드립니다) を使っても良いでしょう。

✉ 9-4 メリークリスマス！(2)

ごく簡単なクリスマスのメールです。親しい知り合いに軽い気持ちで送るので文末は해요体です。✉3よりも親しみがこもった感じがします。

제목: 메리 크리스마스

○○○ 씨

메리 크리스마스!
성스러운 밤[1]이 ○○○ 씨 곁에 머물기를 바래요.
훈훈한 크리스마스에 행복이 깃들길[2].

○○○ 드림

メリークリスマス！
聖なる夜が○○○さんのもとにありますように。
穏やかなクリスマスに幸せが訪れますように。

語句と表現

1 성스러운 밤:クリスマスに送るカードやメールでは、성스럽다([聖 – – –]聖なる)、거룩하다 (神聖だ) などの言葉がよく使われます。
2 행복이 깃들길:「幸せが訪れますように」。「(真心、願い、気持ちなどが) こもる、宿る。(静寂や暗闇などに) 静かに包み込まれる」という意味の깃들이다は、短い形の깃들다もよく使われます。ここでは9-3でも使ったⅠ- 길をつけています。

9-5 お誕生日おめでとうございます。

友人の誕生日に送るメールです。

제목 : 생일 축하합니다.

○○○ 씨

생일[1] 축하합니다.
한국에서는 햇수로 나이를 센다고 하던데, 만으로는 몇 살이 되는 거죠?
생일은 양력과 음력이 있다면서요?[2] 여하튼 축하합니다.
○○○ 씨의 새로운 일년이 행복 넘치는 해[3]가 되길 바래요.

○○○ 드림

お誕生日おめでとうございます。
韓国では数え年で年齢を数えるということですが、満では何歳になるのでしょう？
誕生日は太陽暦と陰暦の二つがあるそうですね？　ともあれ、おめでとうございます。
○○○さんの新たな一年が幸せに満ちた年になりますように。

語句と表現

1 생일：생일[生日]がふつうの「誕生日」です。目上の人に対しては생신[生辰]を使います。
2 있다면서요？：「あるそうですね？」。한다体に면서요？をつけると、「〜だそうですね？」のように、よそで見たり聞いたりしたことを相手に確認する表現になります。
3 행복 넘치는 해：「幸福があふれる年」。ほかにも행복에 차다 (幸福に満ちる)、행복이 깃들다 (幸福につつまれる) なども良いでしょう。

📧 9-6 ご結婚おめでとうございます。

　友人または親しい知り合いに送る結婚祝いのメールです。あまりくだけすぎずに、主に합니다体を使うのが良いでしょう。

제목 : 결혼 축하합니다.

○○○ 씨　□□□ 씨

결혼 축하합니다.
두 분의 앞날에 행복이 넘치길 진심으로 바랍니다.
축하하는 마음으로[1] 작은 선물을 보냅니다.
마음뿐인 선물이지만 부디 잘 받아 주세요.
오래오래[2] 행복하시길 기도합니다.
기회를 봐서[3] 다시 인사 드리도록 하겠습니다.

○○○ 드림

○○○様　□□□様
ご結婚おめでとうございます。
お二人の将来に幸せが満ちあふれることを心からお祈りします。
お祝いの意味でささやかな贈り物をお送りいたします。
ほんの気持ちですので、どうぞお納めください。
末永いお幸せをお祈りいたします。
また機会をあらためてご挨拶に伺いたく存じます。

語句と表現

1　축하하는 마음으로:「お祝いの意味で」にあたる慣用的表現です。축하하는 마음으로、축하의 마음으로などとしても良いでしょう。마음部分は의미[意味]としても良いでしょう。
2　오래오래:「長く、永く」。繰り返さずに오래だけでもかまいません。
3　기회를 봐서:「機会を見て」。単に다음에 다시のような表現でもかまいません。

✉ 9-7 息子さん(娘さん)の就職おめでとうございます。

互いに子供がいるくらいの年齢の者同士なので、해요体よりは主に합니다体を使ったほうが落ち着いた感じになります。

제목 : 아드님(따님)의 취직을 축하드립니다.

○○○ 씨

이번에 아드님(따님)의 취직이 정해졌다고 들었습니다. 정말 축하드립니다.
취업난[1]이 계속되고 있는 가운데 학업도 잘 마치고 직장도 정해지셨다니, ○○○ 씨도 이제 안심이 되시겠군요[2].
축하의 선물을 보내니 본인에게 전해 주시기 바랍니다.
아드님(따님)의 앞으로의 발전과 성장, 그리고 건강을 기원합니다[3].

○○○ 드림

このたびは息子さん(娘さん)のご就職が決まられたそうで、ほんとうにおめでとうございます。
就職難が続いている中、学業をきちんと修めて、就職もお決めになり、○○○さんもようやくひと安心ですね。
お祝いの品をお送りいたしましたので、ご本人に差し上げてください。
息子さん(娘さん)のこれからの活躍と成長、そしてご健康をお祈りいたします。

語句と表現

1 취업난 : [就業難]。취직난[就職難]よりも一般的です。就職活動をする学生は취업준비생[就業準備生]と言います。
2 이제 안심이 되시겠군요 :「ようやく」にあたる語としてほかにも겨우がありますが、「やっとのことで、どうにかこうにか」という含みがあるので、ここでは「今に至って」という意味の이제を使うのが適切です。
3 발전과 성장, 그리고 건강을 기원합니다 : 個人の「活躍」は발전[発展]を使います。「活躍」という意味で왕성한 활동([旺盛]な[活動])という表現もよく使います。

9-8 無事出産しました！

　知り合いや友人たちに出産を報告するメールです。最近では自分のブログやホームページで知らせる人も増えています。複数の者に向けてのメールなので、基本的に합니다体を使ってきちんと報告するスタイルとなっています。

제목: 무사히 출산했습니다.

＜본 메일은 전부 BCC로 보내고 있습니다＞

여러분
10월 25일, 여러분이 염려해 주신 덕분에 무사히 아내가 출산을 했습니다.
3.2킬로그램[1], 남자 아이예요. 애 엄마도, 아기도 건강합니다[2].
초산이었지만 입덧이나 진통도 예상했던 것보다 심하지 않아서 배 속에 있을 때부터 아이가 효자[3]였다고 아내는 말하고 있습니다.
아기는 큰 울음소리를 터트리며 나와서는 바로 울음을 그쳤습니다. 그리고는 아내와 제 얼굴을 신기하다는 듯이 쳐다보더군요. 그 모습이 참 인상적이었습니다.
그때 찍은 사진을 첨부해 보내 드립니다.

○○○ 드림

＜本メールはすべてBCCにてお送りしております＞

皆様へ
10月25日に、皆様のおかげで無事妻が出産いたしましたことをご報告します。
3200グラム、男の子です。母子ともに健康です。
初産でしたが、つわりや陣痛も予想していたほどひどくなく、お腹の中にいる時から親孝行な息子だったと妻が申しております。
赤ちゃんは大きな産声を上げてお腹から出てきて、すぐに泣きやみました。そして、妻と私の顔を不思議そうにじっと見つめるんですよ。その様子がとても印象的でした。
その時の写真を添付します。

語句と表現　　□

1 3.2 킬로그램：出産時の赤ちゃんの体重はキログラム単位で表現するのが一般的です。킬로그램は kg のように表記してもかまいません。
2 애 엄마도, 아기도 건강합니다：「子供の母親」と言う場合は、아이 엄마よりも애 엄마としたほうが自然です。このメールでは話題が赤ちゃんなので、아기 엄마となっています。
3 효자：孝行息子は효자[孝子]、孝行娘は효녀[孝女]となります。

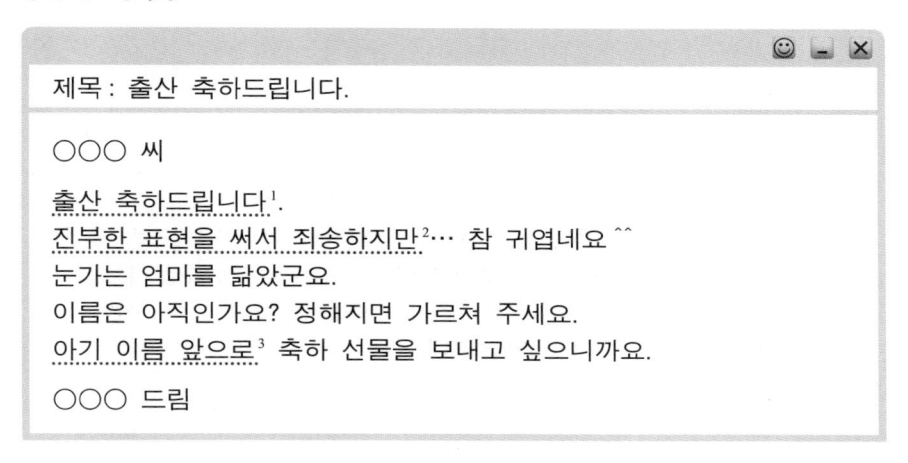

9-9 ご出産おめでとうございます。

✉8への返信です。友人の一人として送るメールなので、堅苦しくない文体になっています。

제목 : 출산 축하드립니다.

○○○ 씨

출산 축하드립니다¹.
진부한 표현을 써서 죄송하지만²… 참 귀엽네요 ^^
눈가는 엄마를 닮았군요.
이름은 아직인가요? 정해지면 가르쳐 주세요.
아기 이름 앞으로³ 축하 선물을 보내고 싶으니까요.

○○○ 드림

ご出産おめでとうございます。
月並みな表現で申し訳ないけど…、本当に可愛いですねえ (^^)
目元はお母さん似ですね。
名前はまだですか？ 決まったら教えてください。
赤ちゃん宛てにお祝いの品をお送りしますから。

語句と表現 □

1 출산 축하드립니다：[出産祝賀]。生まれた赤ちゃんが男の子ならば득남 축하[得男祝賀]、女の子ならば득녀 축하[得女祝賀]という表現もあります。四字熟語として単独で使ったり、このメールのように드립니다をつけても良いでしょう。また、出産直後に、分娩室で看護士が出産した母親に向かって「득남(득녀)하신 것을 축하합니다」のように使ったり、親しみをこめて왕자님[王子](王子様)、공주님[公主−](お姫様)のように呼びかけたりします。

2 진부한 표현을 써서 죄송하지만：「[陳腐]な表現で申し訳ないけれど」。名詞に-(이)라서をつけると「〜なので」のように名詞そのものを原因として扱うことができます。

3 아기 이름 앞으로：「赤ちゃんの名前宛に」。「○○○さん宛(に)」は○○○ 앞으로となります。名前を省略してアギ 앞으로とすることもできます。

9-10 トルチャンチ(一歳のお祝いの会)をします。

子供の満一歳を祝うトルチャンチに友人や知り合いを招待するメールです。ブログやホームページで知り合いに呼びかけることも多くあります。

제목 : 돌잔치 초대

○○○ 씨

아들(딸) △△△가 무사히 한 살 생일을 맞았습니다.
여러분 덕분에 건강한 1년을 보낸 것에 대한 감사의 마음으로[1] 돌잔치를 열려고 합니다. 시간이 가능하시다면 부디 참석해 주십시오.
연필이든, 돈이든 그 무엇을 잡든 간에 여하튼 건강하게 잘 자란 아이의 모습을 봐 주시면 고맙겠습니다[2].

○○○ 드림

息子(娘)の△△△が無事一歳の誕生日を迎えます。
皆様のおかげで健康のうちに一年を送ることができた感謝の意をこめて、トルチャンチをいたしますので、お時間がよろしければ、ぜひご出席ください。
鉛筆であれ、お金であれ、何を手にとるかはともかく、元気に育った姿をどうぞ見てやってください。

語句と表現

1 감사의 마음으로:「感謝の意をこめて」の慣用的表現です。감사하는 마음으로、감사의 뜻으로などとしても良いでしょう。
2 고맙겠습니다:「ありがたく存じます」。単に고맙습니다とするよりもへりくだった感じがします。

✉ 9-11 （兵役からの）除隊おめでとうございます。

　韓国の男性には兵役の義務があり、無事に除隊して家に戻って来るのは喜ばしいというのが一般的な考え方です。大川誠が年上の知り合いである鄭泰俊の息子、賢敏の除隊を知って、父親である泰俊宛てに送ったメールです。

제목 : 제대 축하합니다.

정태준 씨

현민 군[1] 의 제대, 축하합니다.
일본에는 없는 제도이기 때문에 상상으로 그칠 수 밖에 없지만, 가족, 본인 모두 고생이 많았으리라 짐작합니다.
한국에서는 '군대에 다녀오면 철이 든다' 라고 하는 거 같더군요.
아드님은 입대 전부터 든든한 청년[2] 이었으니 보다[3] 믿음직한 젊은이[4] 가 되어 돌아왔겠지요.
하찮은[5] 축하 선물이지만 보내드리니 아드님에게 전해 주시기 바랍니다.

오카와 마코토 드림

賢敏君の除隊、おめでとうございます。
日本には無い制度ですので想像するにとどまりますが、ご家族、ご本人ともに何かと苦労も多かったこととお察しいたします。
韓国では「軍隊に入って分別がつく」と言うそうですね。息子さんは入隊前もきちんとした青年でしたから、より一層しっかりした頼もしい若者になってお戻りになったことでしょう。
ささやかなお祝いをお送りしましたので、息子さんにお渡しください。

語句と表現

1 현민 군：年下の男性に向けて一定の敬意を表す敬称として군 [君] を使っています。年下の女性に対しては양 [嬢] という敬称があります。
2 든든한 청년：든든하다は物や人の性格に関して「固い、丈夫だ、頼もしい」という意味です。ほかに「どっしりとしている、悠然としている」という意味の듬직하다としても良いでしょう。

3 보다：「〜より」という比較を表す助詞は、文頭で「より〜」のように単独で副詞としても使うことができます。
4 청년、젊은이：それぞれ「青年」「若者」です。同じ語の繰り返しを避けて、ここでは二つの言い方で表現しわけています。
5 하찮은：하찮다は「取るに足りない、みすぼらしい、つまらない」という意味です。贈り物などをする際にへりくだって使うことができます。ほかにも보잘것없다（取るに足りない、見るべきところが無い）という表現もあります。

9-12 還暦お祝い申し上げます。

韓国でも還暦を祝います。年齢を言うときは数えですが、トルチャンチと同様に、還暦も満六十歳で祝うのが一般的です。

제목 : 환갑 축하드립니다.

○○○ 씨

환갑[1]을 맞이하게 되신 것을 축하드립니다.
환갑은 십간십이지[2]가 한 바퀴를 돌았다는 의미지요? 12년, 24년 등 앞으로도 변함없이 왕성한 활동을 기원합니다.
일본에서는 환갑 때 빨간색의 옷을 보내는 습관이 있습니다. 축하의 마음으로 빨간 카디건을 보냈는데 마음에 드실지 모르겠네요[3].

○○○ 드림

還暦をお迎えになりましたこと、お慶び申し上げます。
還暦とは十干十二支がひとまわり回ったということですよね。十二年、二十四年と、これからもかわりなくご活躍をなされることを願っております。
日本では還暦に赤い色の服を送る習慣があります。お祝いの気持ちとして赤いカーディガンをお送りしました。お気に召すとよろしいのですが。

語句と表現

1 환갑：[還甲]。회갑[回甲]という言い方もあります。また七十歳の고희[古稀]の祝いもよく行われますが、韓国の古稀は数え年で祝うのが一般的です。
2 십간십이지：[十干十二支]。六十通りあることから육십갑자[六十甲子]とも言います。
3 마음에 드실지 모르겠네요：逐語訳的には「お気に召すかわかりません」ですが、「気に入ってくれたら嬉しい、気に入ってくれることを願う」という含みがあるので、贈り物をする際にこの表現を添えるとへりくだった感じがします。

10

お見舞い・お悔やみを伝える

ちょっとしたお見舞いや、軽い安否の確認から、お悔やみまで、相手をいたわる気持ちを伝えます。ほんの一言、ふた言でもいいので、まずはメールを送ってみましょう。訃報やお悔やみなどは、あえて形式的なメールのほうが適切な場合もあります。

10-1 お大事に。

インフルエンザにかかった金秀貞を見舞う大川春江のメールです。あまりひどくないインフルエンザや風邪などの見舞いとして標準的な内容となっています。

제목:몸 조심하세요[1].

김수정 씨

독감[2]에 걸려서 누워 계시다면서요? 걱정이네요.
최근 몇 년 사이 한국도, 일본도 계절에 상관없이 독감이 유행하고 있는 것 같아요.
열은 없으세요?
몸 따뜻하게 하고, 편히[3] 쉬시길 바래요.

오카와 하루에 드림

インフルエンザにかかって寝込まれているとのこと、心配しております。
ここ数年、韓国でも日本でも、インフルエンザの流行が季節を問わず起きているような気がしますね。
熱はどうですか？
暖かくして、ゆっくりご静養ください。

語句と表現

1 조심하세요:조심[操心]は「用心、注意」のことです。몸조리 잘 하세요とすると「産後の肥立ちにお気をつけください」という意味になります。
2 독감:[毒感]。ほかにも인플루엔자、플루などの言い方もあります。風邪は감기[感気]です。韓国語には몸살という風邪に類似した症状を現す言葉があります。「咳や頭痛の症状は無いが、体の節々が痛み、熱っぽい」のが몸살です。ふたつ合わせて몸살감기と言ったりもします。
3 편히：편히は「楽に、安静に、ゆったり」という意味です。「ゆっくりした速さで」を表す천천히とは区別が必要です。

10-2 お見舞いメールありがとう。

✉ 1に対する金秀貞の返信です。

제목: 안부[1] 메일 고마워요.

오카와 하루에 씨

안부 메일을 보내 줘서 고맙습니다.
열도 꽤 낮아져서 회복이 되어가고 있어요[2].
아직 외출은 무리지만, 집안일은 가족들이 도와줘서 그럭저럭 지내고 있어요.
일본에서도 독감이 유행하는 것 같던데요[3].
하루에 씨도 몸 조심하세요.

김수정 드림

お見舞いのメールありがとうございます。
熱もだいぶ下がって、回復に向かっています。
まだ外出は無理ですけれど、家事は家族が手伝ってくれるので、どうにかこうにか過ごしています。
日本でもインフルエンザが流行っているようですね。
春江さんもお気をつけください。

語句と表現

1 안부:相手の近況を問う「お見舞い」は안부[安否]を、病気などの「お見舞い」は문병[問病]や병문안[病問安]を使います。ここでは直接会ってお見舞いしてもらったわけではないので안부を使っています。

2 회복이 되어가고 있어요:「回復する」は「회복[恢復]이 되다」という表現になります。Ⅰ-고 있다を使って「回復しつつある、回復しかけている」ことを表しています。

3 유행하는 것 같던데요:金秀貞はニュースなどで日本でもインフルエンザが流行していることを知って、それを思い出すというスタンスで返事を書いています。Ⅰ-던데요は自分の経験や見聞を思い出しつつ「〜でしたが」と振り返る際に使います。

10-3 盗難に遭ったとのことですが、だいじょうぶですか。

鄭泰俊の家に泥棒が入ったと聞いた大川誠が送ったメールです。事故や災害、盗難などがあって、それでも決定的に大きな被害や損失、怪我ではなかった場合に使われる表現を参考にしてください。

제목:도난을 당했다[1]고 하던데, 괜찮으세요?

정태준 씨

집에 도둑이 들었다[2]는 얘기를 듣고 깜짝 놀랐습니다.
물건을 훔쳐 가거나, 수상한 사람이 집에 들어 오는 것도 싫은 일이지만 몸은 다치지 않으셨다고 하니 정말 불행 중 다행[3]이 아닐 수 없습니다[4].
부인께서도 몹시 놀라셨겠지요.
우리 집도 문단속[5] 점검이라도 해 봐야겠네요.

오카와 마코토 드림

泥棒に入られたとのこと、大変驚きました。
ものを盗られたり、知らない者が家に入ってくるのもいやなものですが、お怪我など無かったとのことですので、不幸中の幸いで何よりです。
奥様もずいぶん驚かれたことでしょう。
我が家も戸締まりの点検をしなければと思います。

語句と表現

1 도난을 당했다:「(盗難、事故、災害などを) こうむる、遭う」など被害を受けるという意味で - 를 / 을 당[当]하다を使います。
2 도둑이 들었다:「泥棒が入った」。韓国語は受け身表現を日本語ほど使いません。
3 불행 중 다행:[不幸中多幸]。
4 - 가 / 이 아닐 수 없습니다:逐語訳的には「〜でないことはありえない」ですが、「〜にほかならない」という意味で使う表現です。
5 문단속:戸締まりは문단속[門団束]です。단속は「取り締まり一般」を指します。「用心」ならば조심[操心]を使って、불조심 (火の用心) などのように組み合わせることができます。

✉ 10-4 台風の被害はありませんか？

韓国も日本と同様に台風が多くあります。また台風や豪雨などが原因の水害も少なくありません。

제목:태풍 피해는 없으세요?

김수정 씨

텔레비전에서 일기예보를 보니까 태풍이 한반도[1]를 북상해 서울로 향하고 있다는 것 같아요.
일본 텔레비전에서는 '전후 최대급[2]'이라더군요.
수정 씨가 사시는 곳은 괜찮은지 남편도 저도 걱정하고 있어요.
부디 조심하시기 바래요.

오카와 하루에 드림

テレビの天気予報を見ていたら、台風が朝鮮半島を北上してソウルに向かっているようです。
日本のテレビでは「戦後最大級」と言っていました。
夫と、秀貞さん住んでいらっしゃるところはだいじょうぶだろうかと心配しています。
どうぞお気をつけくださいね。

語句と表現

1 한반도：韓国では朝鮮半島を한반도[韓半島]と言います。日本列島は일본 열도[日本列島]です。
2 전후 최대급：[戦後最大級]。ここで言う「戦後」は1945年に終結した第二次世界大戦以後のことです。「○년대 이래 최대급」とすると「○年代以降最大級」となります。

10-5 | 追突事故で怪我をしたそうですね？ お怪我は？

　鄭泰俊が自動車事故に遭ったという知らせを聞いた大川誠が送ったメールです。まだ事故の詳細がわからない段階なので、まず怪我の心配をしています。

제목:자동차 추돌 사고로 부상을 당했다[1]면서요? 다치진 않으셨어요?

정태준 씨

수정 씨가 보내 준 메일에서 태준 씨가 자동차 추돌 사고로 부상을 당했다고 하더군요. 걱정이 되네요.
부상의 정도는 어떤가요?
크게 다치지 않으셨으면 좋겠네요[2].

오카와 마코토 드림

秀貞さんが送ってくれたメールで、泰俊さんが自動車の追突事故で怪我をしたとお聞きして心配しております。
お怪我の具合はいかがですか？
あまりひどくなければいいのですが。

語句と表現

1 자동차 추돌 사고로 부상을 당했다：「自動車の追突事故で怪我を負った」。-를/을 당[当]하다で「〜をこうむる、負う、遭う」のように、何か良くないことが起きた、それに巻き込まれた、という表現になります。
「事故に遭う、事故に巻き込まれる」は사고를 당하다となります。

2 크게 다치지 않으셨으면 좋겠네요：負傷したことを知っている大川さんが、願望をこめて「ひどく怪我をしていなければいい」と願っています。そうだといいという願望をこめる表現としてⅢ-ㅆ으면 좋겠다を使っています。다치다は「負傷する、怪我をする」という意味です。

10-6 心配してくださってありがとう。

✉ 5に対する鄭泰俊の返信です。

제목:걱정해 주셔서 감사합니다.

오카와 마코토 씨

걱정해 주셔서 감사합니다. 그리고 놀라게 해 죄송합니다.
회사에서 집으로 돌아오는 길에 뒤차[1]가 제 차를 들이받는 바람에 목을 좀 다친 것 같아요.
그다지 통증은 없지만 만약을 위해[2] 병원에서 진찰을 받았습니다.
사고 후유증[3]은 아니지만 상태를 두고 보자[4]고 해서 병원에 몇 번은 치료를 받으러 다녀봐야 할 것 같아요.
사고라는 게 참 무섭네요. 오카와 씨도 조심하시기 바래요.

정태준 드림

ご心配ありがとうございます。驚かせてしまってすみません。
会社から帰宅途中に、後ろの車が私の車にぶつかってきた拍子に、少し首を痛めてしまったようです。
それほど痛みは無いのですが、万一に備えて病院で診察を受けました。
むち打ち症ではないけれど、様子を見てみようということで、何回か通院しなければいけないようです。
交通事故は怖いですね。大川さんもお気をつけください。

語句と表現

1 뒤차:「後続車、後ろの車」。「先行車、前を走っている車」なら앞차となります。
2 만약을 위해:만약[万若]을 위[為]하다で「万一のために、万一に備えて」という意味になります。
3 사고 후유증:[事故後遺症]。打撲やむち打ち症など、自動車事故による怪我一般を指します。「むち打ち症」を指す語として편타성 상해[鞭打性傷害]がありますが、医師などが使う専門用語的な感じがして一般的ではありません。
4 두고 보자:「一定の時間をおいて様子を見る」は두고 보다です。勧誘形や命令形で使うのが一般的です。

10-7 訃報

　母親を亡くした男性が喪主の場合のメールです。父が存命でも長男が喪主を務めます。形式としては喪主の父親の妻が死亡したことを知らせる内容になります。死亡通知は喪主本人が送るのではなく、葬儀をとりしきる호상[護喪]と呼ばれる者が関係者に告知する形をとります。ほかに、ハングル漢字混じり文（国漢文）で表記したもの、漢文で表記したものもあります。

제목:부고[1]

○○○의 모친 △△△여사께서 노환으로 YYYY년 MM월 DD일 TT시 자택에서 별세하셨기에 삼가 알려 드립니다.
영결식장[2]:　　○○동 ○○병원 ○○시
발인일시[2]:　　○○월 ○○일 ○○시
발인장소:　　○○장례식장
장지:　　　　○○도　○○시　○○면　○○리　선영

부
아들
딸
며느리

YYYY 년 MM 월 DD 일
호상　□□□

訃報
○○○の母△△△女史が老衰のため YYYY 年 MM 月 DD 日 TT 時に自宅において永眠いたしました。謹んでご通知申し上げます。
永訣式場:　　○○洞 ○○病院 ○○時
發靷日時:　　○○月 ○○日 ○○時
發靷場所:　　○○葬儀場
葬地:　　　　○○道○○市○○面○○里　先塋
夫　　息子　　娘　　嫁
YYYY 年 MM 月 DD 日
護喪□□□

> **語句と表現**　□

1 부고：死亡を告知することは부고[訃告]、死亡を告知する書面のことを부고장[訃告狀]と言います。
2 日本の一般的な葬儀手順に当てはめるならば、告別式が영결식[永訣式]、出棺と、出棺の後で火葬または土葬する場所に同行することが발인[發靷]に該当します。영결식과 발인은 자택에서 행하는 외에, 장의를 전문으로 행하는 회장, 또 병원의 영안실(영안실)에서 행하는 경우도 있습니다.

弔問は조문[弔問]または문상[問喪]と言います。死亡日の翌々日、つまり死亡して三日目に行われる영결식に出席し遺族にお悔やみを述べ、발인に参加します。最近では火葬（または土葬）の場にまで行かないで、出棺までを見届けることも多くなりました。

✉ 10-8 | 謹んでお悔やみ申し上げるとともに、お母様のご冥福をお祈り申し上げます。

葬儀の知らせに対して、故人への哀悼の意を表すとともに、葬儀に参列できないことを詫びるメールです。

제목: 삼가 조의를 표하며 어머님의 명복을 빕니다.

뜻밖의 비보에 슬픔을 금할 수 없습니다.
삼가 조의를 표하며,[1] 어머님의 명복을 빕니다[2].
부득이한 사정으로 장례에 참석하지 못하여 죄송합니다.
큰 슬픔을 위로하며 어머님의 유덕이 후세에 이어져 빛나기를 빕니다.
○○○ 올림.[3]

突然の悲報に悲しみを禁じえません。
謹んでお悔やみを申し上げるとともにお母様のご冥福をお祈り申し上げます。
やむを得ぬ事情により葬儀に参列することができず申し訳ございません。
大きな悲しみをお慰め申し上げるとともにお母様のご遺徳が後々までも続き光輝きますようお祈り申し上げます。

語句と表現

1 삼가 조의를 표하며:「謹んでお悔やみを申し上げるとともに」。ほかにも、머리 숙여 고인의 은덕을 되새기며（頭を垂れ故人のご恩を心に刻みつつ）、고인의 별세를 애도하며（故人のご逝去を哀悼しつつ）などの表現があります。亡くなった人のことを一律に고인 [故人] としてもかまいません。

2 명복을 빕니다:「ご冥福をお祈り申し上げます」。カトリック（가톨릭）またはプロテスタント（개신교 [改新教]）ならば주님의 위로와 소망이 함께 하기를 빕니다（主の慰めと希望がともにありますようお祈り申し上げます）、仏教ならば서방정토 극락세계에 왕생하시기를 빕니다（西方浄土の極楽世界に往生なさいなすようお祈り申し上げます）のようにしても良いでしょう。

3 올림:お悔やみのメールでは、드림より올림のほうがかしこまっていて良いでしょう。

📖 韓国の知り合いに、自分の関係者が亡くなったことを知らせる場合は、告別式の案内などのような公式的なものでなければ、全体を합니다体で統一し、事実を簡潔に述べる程度でかまわないでしょう。この際、故人が誰であっても尊敬語を使うべきです。以下に簡単な文例と語句を挙げてみます。

〜月〜日に父が心筋梗塞のため息を引き取りました。
~ 월 ~ 일에 부친께서 심근경색으로 숨을 거두셨습니다.

- 息を引き取る（숨을 거두다）、お亡くなりになる（돌아가시다）、永眠する（영면 [永眠] 하다） など。ほかにも 타계 [他界] 하다、운명 [殞命] 하다、キリスト教ならば 소천 [召天] 하다なども使います。
- 老衰 노환 [老患]、心筋梗塞 심근경색、脳卒中 뇌졸중、心不全 심부전、肺炎 폐렴

享年〜歳でした。　향년 ~ 세셨습니다.
葬儀は家族と親戚だけで済ませました。
장례식은 가족과 친인척만이 모여 치렀습니다.
多くの参列者の弔問の中、告別式を無事に済ませることができました。
많은 조문객을 모시고 무사히 영결식을 마칠 수 있었습니다.

- 日本の「通夜」「告別式」そのものを指す語はありませんので영결식とするか、상가에서의 밤을 새다（不孝があった家での一夜を明かす）のような表現を使うと良いでしょう。
  キリスト教では、プロテスタントなら발인 예배、장례식 예배、カトリックなら발인 미사, 장례 미사のような言い方になります。

後日、あらためて「お別れの会」を行いたいと思います。
후일, 다시 영결식을 거행하고자 합니다.

- 日本では故人の遺志によって葬儀を行わず、後日知人たちなどによって「お別れの会」を持つことがあります。韓国語ではこれに当たる語がないので、これも영결식としてかまいません。

11
ファンレター

自分が好きな俳優やタレント、歌手に、応援メールを出してみましょう。好きになったきっかけや理由は人それぞれですが、あまり飾らずに、素直な文章でOKです。相手の名前や、作品名などの間違いには気をつけましょう。

11-1 いつも応援しています。(1)

俳優へのファンメールです。初めて知ったきっかけ、ファンミーティング、これからも応援したいというメッセージなど、ごくふつうですが基本をおさえたファンメールです。

제목:항상 응원하고 있어요.

○○○ 씨

안녕하세요?
저는 일본 사람인 △△△라고 합니다.
○○ 씨[1]를 처음 알게 된 것은 YY년에 'XXXXX'라는 영화를 봤을 때였어요. 정열적인 연기와 혼신을 다하는 모습[2]에 많은 감동을 받았습니다.
그 이후로 ○○ 씨의 출연 작품들을 꼬박꼬박 챙겨 보고 있습니다[3].
이번 M월에는 일본에서 처음으로 팬미팅을 한다는 소식을 접하고 얼마나 기뻤는지 모릅니다!
저도 친구와 함께 반드시 참석할 생각이에요!
○○ 씨
앞으로도 훌륭한 연기, 좋은 모습을 많이 보여 주세요.
저도 팬의 한 사람으로서 항상 응원하겠습니다!
파이팅!

△△△ 드림

○○○さん
わたしは日本人の△△△と申します。
○○さんを初めて知ったのはYY年に'XXXXX'という映画を見た時のことでした。情熱的な演技と、自分の全てをつぎ込む姿にすごく感動しました。
その後は○○さんの出演作品を残らずチェックしています。
今度のM月に日本で初めてファンミーティングをするというニュースに接してどれだけ嬉しかったことか!
わたしも友だちとかならず参加しようと思っています!
○○さん

これからも立派な演技、素敵なお姿をたくさんお見せください。
わたしもファンの一人としていつも応援しつづけます！
ファイティン！

語句と表現

1 ○○ 씨：姓を省いて下の名前だけで呼びかけても失礼にはなりません。むしろ堅苦しくなく、親しみがこもった感じがします。
2 혼신을 다하는 모습：「[渾身]を尽くす姿」。다하다は「(全力、最善などを) 尽くす」という意味です。
3 꼬박꼬박 챙겨 보고 있습니다：「きちんきちんとこまめに見ています」。챙기다は「きちんととりまとめる、揃える」という意味です。

📧 11-2 いつも応援しています。(2)

歌手へのファンメールです。これも俳優へのメールと同様に、シンプルな構成になっています。

제목:항상 응원하고 있어요.

○○○ 씨

안녕하세요?
저는 사회초년생[1] △△△라고 합니다.
3년 전에 우연히 친구가 유튜브로 K-POP을 보여 줬는데, 그중에 ○○ 씨의 노래가 있었어요.
멜로디도, 춤도 너무 멋지더군요.
그때부터 ○○ 씨의 왕팬[2]이 되었습니다.

○○ 씨의 노래를 더 알고 싶어서 한국어를 배우기 시작했고, 한국에 ○○ 씨의 콘서트를 보러 간 적도 있습니다.
○○ 씨 덕분에 K-POP에 푹 빠져 버렸어요.[3]

앞으로도 좋은 무대, 좋은 노래 많이 들려 주세요.
저도 한국어 공부를 열심히 하겠습니다.
다음에는 일본에서 콘서트를 볼 수 있었으면 좋겠네요.
그때는 한국어로 인사할 수 있도록 노력할게요.

△△△ 드림

○○○さん
わたしは社会人一年生の△△△と申します。
三年前に、たまたま友人がユーチューブでK-POPを見せてくれたのですが、その中に○○さんの歌がありました。
メロディも、ダンスもすごくカッコよかったです。
その時から○○さんの大ファンになりました。
○○さんの歌をもっと知りたくて韓国語を習い始めましたし、○○さんのコンサートを見に韓国に行ったこともあります。
○○さんのおかげで、すっかりK-POPにはまってしまいました。

これからも良いステージ、良い歌をたくさん聴かせてください。
わたしも韓国語の勉強を一生懸命がんばります。
次は日本で○○さんのコンサートを見られたら嬉しいです。
その時は韓国語で挨拶できるように努力しますね。

語句と表現

1 사회초년생：[社会初年生]。
2 왕팬：「大ファン」。왕[王]は「大きな、かなりの程度の、立派な」を表す接頭辞です。
3 푹 빠져 버렸어요：「すっかりはまってしまいました」。빠지다は「はまりこむ、溺れる、落ちる」という意味です。사랑에 빠지다（愛に落ちる）、물에 빠지다（水に落ちる、溺れる）、살이 빠지다（肉がおちる、痩せる）などのように使います。

この本で使った語句・表現

あ

相変わらず	변함없이	*106*
明けましておめでとうございます。	새해 복 많이 받으세요.	*30, 103, 138, 139*
あつかましいとは思いますが	염치없습니다만	*79*
集まり	모임	*74, 109*
～宛に	~ 앞으로	*105*
後味が悪い	뒤끝이 나쁘다	*129*
あらためて、また	다시	*72, 74*
あらためてお詫びいたします。	다시 한번 사과의 말씀을 드립니다.	*79*
ありがたく	감사히	*70*

い

息を引き取る	숨을 거두다	*163*
いくつか	몇 가지, 한가지	*113*
以前に、前に	전에	*39, 122, 166*
	이전	*42, 99*

忙しい
  お忙しいことと存じますが　　　　바쁘시겠지만　*112*
  お忙しいとは思いますが　　　　　바쁘시리라 생각합니다만　*88*
一歳の誕生祝い　　　　　　　　　　돌잔치　*148*
いつもお世話になっております。　　항상 많은 신세를 지고 있습니다.　*70*
以熱治熱（暑い季節に熱いものを食べて熱をしずめる）
　　　　　　　　　　　　　　　　　이열치열　*32*

祝い
  お祝いの気持ち（意味）で　　　　축하의 마음 (뜻)으로　*143, 144, 151*
インフルエンザ　　　　　　　　　　독감　*154, 155*
　　　　　　　　　　　　　　　　　인플루엔자, 플루　*154, 155*

え

永眠する　　　　　　　　　　　　　별세하다　*160*
　　　　　　　　　　　　　　　　　영면하다　*163*
　永眠いたしましたことを謹んでご報告申し上げます。
　　　　　　　　　　　　　　　　　별세하셨기에 삼가 알려 드립니다.　*160*

お

おかげ
  おかげで　　　　　　　　　　　　덕분에　*22, 36, 58, 81, 109, 145, 148, 166*
  ～のおかげです。　　　　　　　　~ 덕분입니다.　*30, 36*

教え
　お教えいただければと思います。　　　　　가르쳐 주셨으면 합니다.　117
　お教えいただければ幸いです。　　　　　가르쳐 주시면 감사하겠습니다.　114, 124
夫（主人）　　　　　　　　　　　　　　　남편　42, 81, 157, 161
覚えていらっしゃるでしょうか？　　　　　기억하고 계신지요？　22, 61
おめでとうございます。　　　　　　　　　축하합니다.　17
思い出　　　　　　　　　　　　　　　　　추억　101, 104

か

カーディガン　　　　　　　　　　　　　　카디건　151
回復に向かっています。　　　　　　　　　회복이 되어 가고 있어요.　155
格式張った～　　　　　　　　　　　　　　격식 차린 ~　52
確認
　ご確認ください。　　　　　　　　　　　확인해 주시기 바랍니다.　74
　　　　　　　　　　　　　　　　　　　　확인 좀 부탁합니다.　74
　　　　　　　　　　　　　　　　　　　　확인 부탁드립니다.　135
　確認していただけませんでしょうか。　　확인을 해 주시겠습니까？　122, 132
風邪　　　　　　　　　　　　　　　　　　감기, 몸살　154
　（季節の替わり目）風邪にお気をつけください。
　　　　　　　　　　　　　　　　　　　　（환절기）감기 조심하세요.　18
　風邪を引いて　　　　　　　　　　　　　감기에 걸려서　107
家族一同　　　　　　　　　　　　　　　　가족 모두　28
堅苦しい　　　　　　　　　　　　　　　　딱딱하다　24
カタログ　　　　　　　　　　　　　　　　카탈로그　79
勝手なお願いばかりで申し訳ありません。　제멋대로 부탁만 드려 죄송합니다.　88
（ご）活躍をお祈りいたします。　　　　　풍성한 활동을 기원합니다.　64
家内（妻）　　　　　　　　　　　　　　　집사람　24, 26, 32
過分なほどの～　　　　　　　　　　　　　과분할 정도의 ~　70
変わり
　お変わりありませんか？　　　　　　　　별일 없으신가요？　36
　お変わりなく活躍されることを願っています。
　　　　　　　　　　　　　　　　　　　　변함없이 왕성한 활동을 기원합니다.　151
かわりに　　　　　　　　　　　　　　　　대신　48
韓国語のスクール　　　　　　　　　　　　한국어 학원　22
感謝の気持ちとして　　　　　　　　　　　감사의 표시로　64
感動する　　　　　　　　　　　　　　　　감동을 받다　166
還暦　　　　　　　　　　　　　　　　　　환갑, 회갑　151

き

機会
   機会がありましたら　　　　　　　　기회가 된다면　*49, 81*
   機会をあらためて　　　　　　　　　기회를 봐서　*143*
企画　　　　　　　　　　　　　　　　기획　*107*
貴校　　　　　　　　　　　　　　　　귀교　*113, 114, 115, 117*
貴社　　　　　　　　　　　　　　　　귀사　*132*
寄宿舎、学生寮　　　　　　　　　　　기숙사　*112, 115, 117*
期待しています。　　　　　　　　　　기대하고 있어요.　*54*
帰宅途中で　　　　　　　　　　　　　집으로 가는 길에　*159*
(お) 気遣いくださって　　　　　　　　마음 써 주셔서　*66*
気に入る　　　　　　　　　　　　　　마음에 들다　*43, 64*
(お) 気に召すとよろしいのですが。　　마음에 드실지 모르겠네요.　*151*
気持ちばかりの〜　　　　　　　　　　마음 뿐인 ~　*69*
キャンセル料　　　　　　　　　　　　취소 비용, 캔슬비　*75, 128*
急な事情で　　　　　　　　　　　　　급히 사정이 생겨서　*108*
享年〜歳でした。　　　　　　　　　　향년 ~ 세셨습니다.　*163*
今日のうちに　　　　　　　　　　　　오늘 중으로　*42*

く

口
   口に合う　　　　　　　　　　　　　입에 맞다　*28*
   口は災いの元　　　　　　　　　　　입은 화의 근원　*79*
グループ　　　　　　　　　　　　　　그룹　*119*
くれぐれも　　　　　　　　　　　　　아무쪼록　*96*
　　　　　　　　　　　　　　　　　　부디　*96*

け

携帯電話　　　　　　　　　　　　　　휴대폰　*39*
怪我　　　　　　　　　　　　　　　　부상　*158*
   怪我をする　　　　　　　　　　　　다치다　*158*
下宿 (屋)　　　　　　　　　　　　　　하숙 (집)　*115*
結婚
   ご結婚おめでとうございます。　　　결혼 축하합니다 (축하드립니다).　*143*
   結婚式場　　　　　　　　　　　　　예식장, 결혼식장　*53*
限界がないくらい好きだ　　　　　　　무진장 좋아하다　*49*
元気
   お元気でいらっしゃいましたか。　　그 동안 안녕하셨어요?　*93*

お元気でしたか？	잘 지내셨어요?　*17*
お元気ですか？	잘 지내세요?　*17, 22*
	잘 지내시는지요?　*104*
元気でやっています。	잘 지내고 있습니다.　*24*
健康	
ご健康と今後のより一層のご活躍をお祈りいたします。	
	건강과 앞으로의 풍성한 활동을 기원합니다.　*64*
健康にお気をつけください。	건강하세요.　*17*
ご健康をお祈りいたします。	건강하시기를 기도드립니다.　*30*
	건강을 기원합니다.　*32, 144*
	건강하시길 빕니다.　*81*
検討	검토　*114, 117*
件名	제목　*13*（以下省略）

こ

交換	교환　*134, 135*
幸福	
幸福があふれる	행복 넘치다　*142*
幸福に包まれる	행복이 깃들다　*142*
幸福に満ちる	행복에 차다　*142*
頭を垂れ故人のご恩を心に刻みつつ	머리 숙여 고인의 은덕을 되새기며　*162*
心	
心おだやかだ、気楽だ	편안하다　*103*
心から	진심으로　*139*
故人のご逝去を哀悼しつつ	고인의 별세를 애도하며　*162*
～のことなのですが。	~ 말인데요.　*45, 77, 88*
このあいだ（←少し前に）	얼마 전에　*77*
このたび、今度	이번에　*24, 52, 85, 94, 129*
この次に、今度	다음에　*58, 76*
この場を借りて	이 기회를 빌어　*104*
ご無沙汰しております。（→お久しぶりです）	그동안 격조 (적조) 했습니다.　*17, 34*
今度の	이번　*164*
こんにちは（こんばんは）。	안녕하세요?　*17, 26, 42, 50, 52, 58, 64, 77, 84, 85, 88, 90, 94*

さ

最近	최근에　*34, 39*
再送してください。	다시 한번 보내 주세요.　*97*

ささやか		
ささやかなお祝いの品	하찮은 축하 선물	*149*
ささやかな贈り物	작은 선물	*68, 143*
ささやかなものではありますが	별 것 아니지만	*68*
サポート	서포트	*104, 118*
さようなら。	안녕히 계세요.	*17*
再来週	다다음주	*27*
〜さんへ	씨 (에게)	*15*
参加人数	참석 인원	*102*
産後の肥立ちにお気をつけください。	몸조리 잘 하세요.	*154*
残念ですが	안타깝지만	*49, 107*
	아쉽지만	*76*

し

しかし	그러나	*17*
	하지만	*16*
時間がありましたら	시간이 되면	*39*
仕事が立て込む	일이 쌓이다	*72*
仕事が休みの日	휴무일	*43*
	비번	*43*
事故に遭う	사고를 당하다	*158*
〜したいのはやまやまですが	~ 하고 싶은 마음은 굴뚝 같자만	*92*
自宅	자택	*81, 160*
じつは	실은	*42, 52, 90*
失礼いたしました。	실례했습니다.	*73*
しどろもどろ	횡설수설	*109*
自分から(すすんで)	스스로	*34*
充実した〜	알찬 ~	*65, 140*
住民登録番号	주민등록번호	*85*
受信できない	수신이 안 되다	*74*
(ご)出産おめでとうございます。	출산 축하합니다 (축하드립니다).	*147*
精進料理	사찰 요리	*103*
召天する	소천하다	*163*
ご笑納ください。(←どうぞお使いください)	부디 잘 사용해 주세요.	*64*
将来	앞날	*143*
助言	조언	*36*
心配		
ご心配ありがとうございます。	걱정해 주셔서 감사합니다.	*159*

| 心配しています。 | 걱정하고 있어요. *154, 157* |
| 心配です。 | 걱정이 돼요. *158* |

す
数日前に	며칠 전에 *127*
スケジュール	스케줄 *34, 72*
すごく好きだ	무지무지 좋아하다 *49*
する前に	하기 전에 *115*

せ
精一杯努力いたします。	최선을 다하겠습니다. *66*
正装	정장 *53*
ゼミ	세미나 *77, 78*
世話	
お世話になりました。	신세가 많았습니다. *22*
	신세를 졌습니다. *30, 42, 61, 139*
お世話になる	신세를 지다 *61*
お世話になる（迷惑をかける）	폐를 끼치다 *61*
先日	
先日（このあいだ）	요전번에 *57*
先日はありがとうございました。	지난번에는 감사했습니다. *17*
洗浄便座つきトイレ	비데 *125*
～先生へ	선생님(께) *15*

そ
そういえば	그러고 보니까 *16, 43*
葬儀（通夜、告別式）	영결식 *160*
	장례식 *162*
そうしたら	그랬더니 *16*
送料	배송료 *85*
そこで	거기서 *16*
	그래서 *94*
そのうえ	게다가 *17, 81*
そのかわり	그 대신 *44*
それで	그래서 *16, 89, 95*
それでは	그럼 *76*
それでも	그래도 *16*
それとも	아니면 *17, 124, 131*

177

それはそうと	그건 그렇고 *17*
それゆえに	그러므로 *16*

た
大事	
お大事に。	몸 조심하세요. *154*
大事に使います。	잘 쓰겠습니다. *66*
体調がすぐれず	몸 상태가 안 좋아서 *107*
大ファン	왕팬 *168*
他界する	타계하다 *163*
だから	그러니까 *16*
たくさん	잔뜩 *48*
お尋ねいたします。	여쭤 보려고 합니다. *87*
ただでさえ、それでなくても	그렇지 않아도 *56*
たとえば	예를 들면 *17, 28, 120, 121*
	예를 들어 *17*
楽しみです。	기대돼요. *54, 101*
試しに	시험 삼아 *68*
短期語学留学	단기 어학 연수 *30, 112, 127*
誕生日	
お誕生日おめでとうございます。	생일 축하합니다. *142*
（目上の人に）	생신 축하합니다 (축하드립니다). *142*
担当者	담당자 *87, 112, 127*

ち
近いうちに	조만간 *116*
近くにお越しの際は	가까운 곳에 일이 있으시면 *40*
チケット	티켓 *26, 87*
ちゃんと（まともに）	제대로 *94, 129*
チューター	도우미 *100, 104, 118*
	튜터 *117*
注文する	주문하다 *131, 132, 133, 134, 135*
朝鮮半島	한반도 *157*

つ
追伸	덧붙임 *116*
	추신 *116*
つかれ	

おつかれさまでした。	수고하셨습니다. *97*
（ご苦労が多くていらっしゃいました）	수고가 많으셨습니다. *97*
	고생이 많으십니다. *107*
	고생을 많이 하셨습니다. *97*
（お骨折りになりました）	애를 쓰셨습니다. *97*
月並みな（陳腐な）表現	진부한 표현 *147*
都合	
都合が悪い（事情があってだめだ）	사정이 있어서 안 되다 *78*
（事情ができた）	사정이 생겼다 *77, 78*
都合をつける（←時間を割く）	시간을 내다 *78*
妻（家内）	아내 *146*
つまらない〜	
（あきれてものも言えない）	어이없는〜 *81*
（取るにたらない）	보잘것없는〜 *64, 150*
	하찮은〜 *149*
つまらないものではございますが	보잘것없는 것이지만 *64*
つまり	다시 말해서 *16*

て

手数	
お手数でしょうが	번거로우시겠지만 *97*
お手数をおかけして	번거롭게 해 *38, 87, 96, 114, 122*
お手数をおかけして申し訳ありませんが	폐를 끼쳐 죄송합니다만 *115, 128*
ではまた。	다음에 만나요. *58, 60*
でも	그렇지만 *16*
天気予報	일기예보 *157*
添付ファイル／ファックスにて送ります。	첨부 파일로（팩스로） 보냅니다. *47*

と

どう考えても	아무래도 *32*
同窓会	동창회 *100, 102, 103, 104, 106, 107, 108, 109*
盗難に遭う	도난을 당하다 *121, 156*
ところが、ところで	그런데 *17*
戸締り	문단속 *156*
年も年だけに	나이가 나이이기도 하고 *36*
突然	
突然のメールで申し訳ございません。	갑자기 메일을 드려서 죄송합니다. *17*
突然の悲報に悲しみを禁じえません。	뜻밖의 비보에 슬픔을 금할 수 없습니다. *162*

とても楽しみにしているようです。	무척 기대하고 있는 것 같아요.	26
とほうもなく好きだ	엄청 좋아하다	49
ともかく（何にしても）	여하튼	148
泥棒が入る	도둑이 들다	156

な

なかなか	좀처럼	26, 32, 36, 56, 84
亡くなる		
お亡くなりになる	돌아가시다	163
亡くなる	운명하다	163
なぜなら	왜냐면	16
並びの席	같은 줄의 자리	84, 87
なるべくなら	되도록이면	102
〜にもかかわらず	〜에도 불구하고	79

は

場合	경우	47
拝（自分の名前の後につけて、〜より）	드림	16（以下略）
	배상	16
	씀	16
	올림	16, 162
はじめまして。	처음 뵙겠습니다.	116
場所を探す（会場など）	장소를 물색하다	102
外せない用事	피치 못할 사정	107
はたして	과연	16
パック	팩	131
発展と成長、そして健康をお祈りいたします。	발전과 성장, 그리고 건강을 기원합니다.	144
パンフレット	책자	121

ひ

BCCにてお送りします。	BCC로 보냅니다.	38, 39, 44, 104, 105
久しぶり		
お久しぶりです。	오래간만입니다 / 오래간만이에요.	17, 22, 36, 100, 104
お久しぶりです。	오랜만입니다.	22, 106
久しぶりに	오랜만에	42, 68, 104
一味違う〜	비교할 수 없는 〜	57

| 病気 | 질환 *121* |
| ひょっとしたら | 혹은 *17* |

ふ
ファイル	
ファイルが開かない	파일이 열리지 않다　*47, 74*
ファイルを添付して送ります。	파일을 첨부해서 보냅니다.　*47*
ファイルを添付します。	파일을 첨부합니다.　*47*
フードコート	푸드 코트　*43*
不幸中の幸い	불행 중 다행　*156*
札、ラベル	라벨　*129*
普段着	평소 복장　*53*
訃報	부고　*160*
フロア	플로어　*129*
プログラム	프로그램　*34*
フロント	프런트　*42*
分別がつく	철이 들다　*149*

へ
| (お)返事が遅くなって | 답장이 늦어져서　*72* |
| 返送 | 반송　*134, 135* |

ほ
ホームページ	홈페이지　*114, 124, 128*
ほかでもなく	다름이 아니라　*17*
〜のほかにも	~ 외에도　*28*
ホストファミリー	홈스테이 가족　*100*

ま
毎回、毎度	매번　*85*
負けないように	지지 않도록　*60*
〜に勝る喜びはありません。	~ 보다 행복한 일은 없습니다.　*63*
または	또는　*17, 121, 124*
招き	
お招きする	모시다　*44*
	초대하다　*45, 48, 52, 79, 100*
お招きありがとうございます。	초대해 주셔서 감사합니다.　*48*
マンション	아파트　*39*

181

〜みたいなものが	〜 같은 게 *46*

み
土産物屋	기념품 가게 *68*

む
迎えに来る	마중을 나오다 / 나가다 *88*
迎える	맞이하다 *24, 140, 151, 140*
むち打ち症	사고 후유증 *159*

め
ご冥福をお祈り申し上げます。	명복을 빕니다. *162*
（ご）迷惑をおかけしました。	폐가 많았습니다. *22*
	폐를 끼쳤습니다. *22, 81*
メール	
メールアドレスが替わる	메일 주소가 변경되다 / 바뀌다 *38*
メールアドレスを変更しました。	메일 주소를 변경했습니다. *38*
メールにてご連絡ください。	메일로 연락해 주세요. *44, 104*
メールにて失礼いたします。	메일로 실례가 많습니다. *112, 114*
〜に目が無い	〜 에 사족을 못 쓰다 *49*
目からウロコが落ちるようだ	새로운 세상에 눈뜬 듯하다 *64*
メリークリスマス	메리 크리스마스 *140, 141*
面倒なお願い	번거로운 부탁 *84*
ご面倒をおかけして申し訳ありませんが	폐를 끼쳐 죄송합니다만 *115*
メンバー	멤버 *106*

も
申し込み	신청 *112, 114, 115, 117*
毛頭ございません。	털끝만큼도 없습니다. *79*
もし（かして）	혹시 *24, 58, 93, 97, 120*
モムサルになって	몸살이 나서 *107*
門限	제한 시간 *117*

や
休みを取る	휴가를 받다 *26*
やむを得ぬ事情により	부득이한 사정으로 *162*
やりとりする	주고 받다 *118*

ゆ

ゆっくりご静養ください。	편히 쉬시길 바래요. *154*
指折り数えて待っています。	손꼽아 기다리고 있습니다. *27*

よ

良い一日（週末、一週間）なりますように。	좋은 하루 (주말, 한 주간) 보내세요. *17*
用事がある	볼일이 있다 *48*
	사정이 있다 *107*
よかったら	괜찮다면 *52*
喜んで参加させていただきます。	기꺼이 참석하겠습니다. *54, 106*
喜んでもらって	좋아해 주셔서 *57*
～によろしくお伝えください。	~ 에게 (한테, 께) 안부 전해 주세요. *17*
よろしくお伝えください。	잘 전해 주시기 바래요. *81*
よろしければ	괜찮으시다면 *22, 26, 42, 50*

ら

楽に、安静に	편히 *154*
リスニング	리스닝 *23*

り

略図	약도 *46, 47, 74, 78, 103*

れ

連絡	
ご連絡ください。	연락 주세요. *24, 28, 66, 108*
ご連絡いただきますようお願いします。	연락해 주시기 바랍니다. *38*
連絡先	연락처 *103, 108, 114*
ご連絡差し上げるようにいたします。	알려 드리도록 하겠습니다. *72*

ろ

労をお取りくださいました	수고를 해 주셨습니다 *105*

わ

詫び	
お詫びいたします。	사과하겠습니다. *73*
お詫び申し上げます。	사과의 말씀을 드리겠습니다. *73*

おわりに

　本書では99のメールを扱いました。99もあれば、どれかひとつくらいは、そのまま使えるものもあるでしょう。ただし、私たちは「大川誠」でもありませんし、「鄭泰俊」でもありませんから、彼らとまったく同じ状況に自分を置くことは厳密には不可能です。

　そこで、筆者の一人として、この本を読む皆様にお願いがあるのです。どうぞ、この本のメールをそのまま使わないで、ご自分なりに素敵にアレンジしてお使いください。そして、私と、もう一人の筆者である金南昕さんに韓国語でメールを送ってください。

　こうして一冊の本を作り終わる、まさに最後の段階になって、そういえば「失意の人への励まし」のメールを入れるのを忘れたという一抹の心残りがあります。皆様が送ってくださるであろうメールが100個目のメールになることを期待しています。

白宣基

마지막으로

K-pop 을 좋아하세요? 어제는 무슨 드라마를 보셨죠? 한국 친구를 사귀고 싶으시다고요? 아니, 이미 한국 친구가 계시다고요?

의식을 하고 있든 안 하고 있든 간에 이렇게 여러분 곁에 가까이 존재하고 있는 것이 한국 문화가 아닌가 생각합니다.

그런데 한국 친구를 사귀고 싶어도, 감사의 인사를 전하고 싶어도, 그저 단순히 한국 상품을 문의하고 싶어도 그 방법을 잘 모를 때가 있지요.

궁금할 때, 난감할 때, 감정을 전달하고 싶을 때 이 책을 이용해 주셨으면 해요. 이 책은 여러분이 자신에게 필요한 항목을 펴서 용도에 맞게 단어를 바꿔 넣고, 생각하고 있는 것을 충분히 표현할 수 있도록 길라잡이가 되어 줄 것입니다. 여러분의 감정과 의사를 충분히 전달하지 못했던 그 답답함을 해소하는데 조금이나마 일익을 담당할 수 있다면 그보다 기쁜 일은 없겠지요.

한국인과 나누는 의사소통의 즐거움, 이제 맛 보셨으면 합니다.

김남은

著者紹介
白宣基 백선기 (ペク・ソンギ)
　山形生まれ。
　東京外国語大学朝鮮語学科卒業。
　在日本韓国YMCA韓国語講座専任講師。
　韓国語学習サイト「初級までの朝鮮語・初級から先の朝鮮語」主宰。
　ホームページ　http://www.penguin99.com/
　ツイッター　http://twitter.com/penguin_99
　メール　mail@penguin99.com

金南听 김남은 (キム・ナムン)
　ソウル生まれ。
　東京外国語大学大学院博士前期課程修了(言語学)。
　現在、東海大学、日本外国語専門学校、在日本韓国YMCA韓国語講座非常勤講師。
　メール　nekimlove@naver.com

Eメールの韓国語

2011年11月 5日　印刷
2011年11月25日　発行

著者 ⓒ　白　宣　基
　　　　金　南　听
発行者　及　川　直　志
印刷所　倉敷印刷株式会社

発行所　101-0052 東京都千代田区神田小川町3の24
　　　　電話 03-3291-7811(営業部)、7821(編集部)　株式会社　白水社
　　　　http://www.hakusuisha.co.jp
　　　　乱丁・落丁本は送料小社負担にてお取り替えいたします。

振替 00190-5-33228　　　Printed in Japan　　　加瀬製本

ISBN978-4-560-08579-0

Ⓡ 〈日本複写権センター委託出版物〉
　本書の全部または一部を無断で複写複製(コピー)することは、著作権法上での例外を除き、禁じられています。本書からの複写を希望される場合は、日本複写権センター(03-3401-2382)にご連絡ください。

▷本書のスキャン、デジタル化等の無断複製は著作権法上での例外を除き禁じられています。本書を代行業者等の第三者に依頼してスキャンやデジタル化することはたとえ個人や家庭内での利用であっても著作権法上認められていません。

自然な日本語を伝わる韓国語へ

■前田真彦／山田敏弘 著

日本語から考える！韓国語の表現

日本語のプロと韓国語のプロが力を合わせた画期的な一冊．文法だけではわからない日本語との発想の違いを楽しみながら，日本語の自然な表現を韓国語にしていく過程を伝授します． 四六判 165頁

多彩な表現を確実に身につける

■高島淑郎 著

書いて覚える中級朝鮮語 CD付

韓国・朝鮮語のロングセラー入門書『書いて覚える初級朝鮮語』の待望の中級編．シンプルな文法説明と豊富な練習問題を通して実力アップを目指します．語尾の攻略が大きなカギ． （2色刷）Ｂ５判 127頁